初职教师
20个怎么办

赵继红——————主编

中国人民大学出版社
·北京·

本书系全国教育科学"十三五"规划2016年度教育部重点
课题——"学校转型背景下普通中学教师专业发展新方式的研究"
（课题批准号DHA160365）成果

本书编委会

主　编 ———— 赵继红

副主编 ———— 鲍晓梅

编委（排名不分先后） ———— 鲍晓梅　常　晟　丁　玲　魏　倩

吕俊鸟　刘雪峰　聂　璐　庞　欢

覃　思　王树超　张　珊　赵　通

左纵宇　赵　楠

目　录

第二辑 **课堂管理篇**

第三辑 **技术助力教学篇**

第四辑 **角色转变篇**

第五辑 **人际相处篇**

序 1

初职教师痛点解疑手册

张梦梦

十一学校的初职教师在从教的第一学期，都会收到学校教育家书院整合的《新教师培训手册》——这本书的前身，如有困惑，可从中求得答案。这是一本初职教师痛点问题的解疑手册。

通读本书，我学会了如何成为一名教师。大学校园里的好学生并不一定就是中学校园里的好教师，在成为一名教师的道路上，我们首先要做的是转变角色：保有情怀的同时，脚踏实地前进；面对学生不自满，从学生的角度准备每一堂课；面对学生保持心平气和……教师并不像大家认知中的那般清闲自在，合理安排时间、高效整合工作尤为重要。另外，教师又是一种工作情绪相当重要和特别的职业。作为初职教师，你是否足够重视情绪问题，是否分析过自己情绪问题产生的原因，是否找到了调试自己情绪的方式？在书中你都可以找到答案。

通读本书，我学会了如何准备好一堂课。就课前准备而言，在多媒体时代，上课不再仅仅是粉笔黑板、一笔一画，吸引眼球又适合学生的课件几乎是一堂课的必需；建立有效的课堂秩序能减少很多不必要的麻烦。就教学过程而言，设计符合课程本质、追求学生自主学习的思维性课堂活动尤为重要；有了好活动，还需要有组织良好的小组——教师的定位、小组的划分、问题的设定、评价的设置都十分重要。在教学中，能为学生深入思考搭建桥梁、能帮助学生构建知识体系的好问题，能引导学生自主学习的好办法，也都可以在书中找到。另外，因材施教的理念要在实践中得以落实，最重要的是树立个别化教学的观念……特别值得一提的是，初职教师第一次面对学生、与他们共处的第一节课尤为重要，书中详细介绍了上好第一节课的方方面面：要做好课前准备，比如精心布置教室、了解学生情况、做好角色转换、保持精神愉悦、合理得体着装；导言课要从开场白、师生介绍、学科介绍、课堂介绍等诸多方面设计。

通读本书，我找到了与学生交往的方法。困扰初职教师的第一件事大多是不知如何和学生恰当相处。教师需要拉近与学生之间的距离，因为良好的师生关系是开展教育、教学的基础。当然，很容易与学生打成一片的初职教师，也需避免与学生走得过近。书中各种拉近师生距离的小方法与确立师生关系尺度的原则让人受益匪浅。初职教师往往会遇到在课堂上不合作的学生、在课后不交作业的学生……面对这样的学生，你是否会有束手无策之感呢？或许你应该从了解学生做起，书中提供的各种了解学生的途径对你肯定会很有帮助。

序 ________ 2

快速“变老”的艺术

程晨

年轻意味着无尽的活力和丰富的可能性，但它的另一面却是稚嫩、青涩。所以，有些时刻，我们又对“老司机”充满羡慕——经验丰富，成熟老到，将一切事务处理得游刃有余、井井有条。

毕业后作为一名教师，重新回到校园，去参与和见证孩子们的青春时代，在某种意义上，也算是种“返老还童”吧。但接受了教师的角色设定并不意味着能做好教师的工作，从学生变为教师也不像由座位走到讲台前那么轻而易举。“教学”这两个看似简单的字，其实包含着非常复杂的经验与艺术。无论是如何处理与学生的关系、如何协调课堂活动与教师讲授的比重、如何合理安排一天的时间、如何激发学生的学习内动力这些“战略”层面的问题，还是如何快速地使课堂安静下来、学生不交作业怎么办这种“战术”层面的问题，无不充满挑战。面对这些大大小小的难题，我无比期望自己能够迅速“老去”，却不得其法，毕竟，经验在一点一滴的积累中才能化作艺术。

我为克服这些问题付出了很多努力。我会到很多富有经验的老教师的教室里听课。这是能快速获取鲜活、有用的教学经验的方式。比如，在初入职的那几个星期里，我一直为上课铃响后，学生迟迟不肯安静下来而苦恼，直到在一位老教师的课堂上，我看到这位老师只是倒数五个数字，全班就立刻鸦雀无声。我在自己的班上使用了这一方法，结果非常有效。我也会读一些国外讲教学方法的书。虽然这些书也多是着眼于通过可操作的实用工具来解决教师教学中的难题，但国外的教学情境与我们每天所面对的课堂毕竟有较大不同，很多经验并不能直接借用。

于是，我就想，要是自己身边这些经验丰富的优秀前辈，也将他们的经验整理成书，新教师不就拥有了一份“快速变老”的完美指南了吗？

如果你跟我处在同样的阶段，有着同样的问题、相似的困惑，那么，我相信，阅读这本《初职教师 20 个怎么办》，将会是一个幸福的过程。

与大多数讲教学方法的书不同，这本书是由一批早我几年走到教师岗位上的优秀青年教师写就的个性化经验梳理。这些作者都有中国一流大学硕士、博士的教育背景，具有丰厚的学养和出众的思考能力。他们善于总结日常教学中遇到的问题，乐于探索创造性的解决途径，并形诸文字。所有这些方法，针对的都是近几年新教学环境下新教师可能面对的问题。在新的教学环境面前，老教师也好，新教师也好，都是缺乏经验的。比如，在以往探讨教学方法的著作中，我们无法找到如何与在微信上跟你有频繁互动学生的相处之道；同样，我们也无法想象一个旨在制止学生上课传纸条行为的方法，能够无缝应用到把学生的视线从手机游戏上挪开这件事情上。学生的生活方式和思维方式早已与 10 年前、20 年前大相径庭，这就要求教学理念、方法和工具要保持同步更新与变革。已经有了数年执教经验，又还保留着学生时代挑战和探索精神的教师群体，大概正是这场变革的最佳人选。这本书中的案例与方法不但能切实有效地解决我们的问题，更能在我们面前呈现出一个面向未来的理想教育的图景。

这本书的另一个优点在于集思广益、书成众手。作为单个个体的我们，可能都有在这种新教学环境里束手无策的苦恼时刻，也都有创造性地发现了一种解决之道的精彩瞬间。这部书就是将许多优秀青年教师、资深教师的精彩瞬间汇聚到一起，帮助我们从束手无策的苦恼中摆脱出来的工具匣子。因此，它亲切动人、案例丰富、干货满满，并且每一位老师都从自己感触最深、最有心得的地方下笔。

当然，作为一本让新教师快速“变老”的书，这本小册子最大的效用，还要在教学实际中去体会。相信到那时，你会领略到这本书的丰富与精彩。我没体会过返老还童或弹指变老是什么感觉，我只知道作为一名新手上路的教师，却有“老司机”的成熟、干练，是多么愉快的事。

那么，就让这本书里的“老司机”们，带我们去创造一个课堂井然有序、气氛充满活力、师生相处融洽、教学轻松欢愉的教育空间吧。

前言

新师徒制：

寻找教师成长合伙人

赵继红

无论是互联网时代的迅速发展，还是为未来社会培养更多有独立人格和独立思想公民的需要，都要求我们把学校办成一个智慧勃发的场所。在这里，每位师生都应该有自由的空间、明确的目标，都应最大限度地发挥自己的潜能。成长，成为师生共同的需求；学习，成为没有开始、不再结束的终身姿态。在这样的思考下，北京十一学校致力于探讨面向未来的学校管理解决方案，在新教师培训中也走了一条师徒共生互促的双赢之路。

一

师带徒，是中国培养技术工人的传统形式，不知有多少能工巧匠是依靠这种贴身帮教脱颖而出的。这种师带徒很快在学校的新教师培训中被复制出来。新教师刚从学校毕业，不管是生活阅历、工作经验，还是教学业务水平都有很大程度上的欠缺，这种传统的帮教形式，能够帮助青年教师尽快成长，严肃、庄重的拜师仪式，更增添了师徒各自的责任感和归属感。这种培训方式伴随着十一学校一代又一代新教师成长。

然而，随着每年新教师人数的增加、学历的提高，传统的师徒制面临巨大挑战。“徒弟”应该越来越像师父还是应该成为他自己？怎样的培训才能既让新教师成为他自己，又让老教师得到应有的尊重？新教师在入职之初，是否可以在起点上快速成长，迅速走出新手期，走向合格甚至胜任呢？这些都是摆在学校面前必须解决的问题。

十一学校的教师培训秉承“每一位教师都是一座富矿”的理念，因此，寻找一种适应新变化的教师培训方式，努力将“服务于每一位教师专业发展”的理念落到实处，是学校培训工作的起点。经过学习和研究，我们渐渐理清了思路。我们认为，新教师培训不应只是老教师单向的倾情传授，而应是新老教师双向互惠的相互激励、相互学习、相互点燃教育智慧的过程。在这个过程中，培训者与被培训者都应获得知识的增值和各自的“福利”。

于是，我们改变了新教师培训的思路。①在传统师徒制的基础上，我们带领新教师用头脑风暴的方式，梳理、提炼出初职教师可能遇到的 20 个问题。②将这 20 个问题的解决与老教师的实际做法相对应，每个话题都由新教师特别佩服的不同学科的老教师做出回答。③新教师通过自荐和推荐的方式认领话题。④新教师以访谈、听课、聊天等方式，向老教师学习，并获取解决相关问题的具体方法、工具和策略等。⑤新教师以案例分析的形式记录采访过程，并融入自己的思考和实践，在不断分享、修改、完善的基础上，梳理出带有共性的解决相关问题的方法与工具。⑥对老教师提供的方法、工具、策略冠以知识产权，将其汇集成册，作为下一年度新教师培训的手册；担任主笔的新教师将成为下一年度新教师培训的培训者。

在这个过程中，一方面，新教师可以快捷地获得实用、有效的解决问题的方法，拉直自己成长的“弯路”。另一方面，新教师的提问又“逼着”老教师对自己的经验进行反思、提升，以将最简洁、最有效、最容易操作的方法教给新教师。新老教师在真诚的交流中增进了感情，达到了双赢。

二

从表面上看，这种让新教师请教“师父”、寻找问题答案的方式并没有什么新意，但它的生长性却令人喟叹。与传统的教师培训方式相比，其根本变化来自供需对接的开放性，以及由此而生的双赢特征。这一做法的精妙之处在于双轮驱动新老教师共同成长，其核心意义是充分认识到“每一位教师都是一座富矿”，即便是初入职的青年教师也不是一张白纸。它一改以往听专家讲、跟师父学的单向接受模式，把新老教师放置在同一个问题解决平台上，促使双方充分“开采”自身资源，并与他人的优势产生连接，在相互协同中构建积极的自我认知，进而形成“看得见的自我成长轨迹”。资深教育媒体人沈祖芸老师用三个关键词概括了它的价值。

一是激励。以往新教师多扮演“被激励者”的角色，而十一学校的实践则让我们看到了双向激励带来的正能量。

二是发现。十一学校的实践告诉我们，在做事中看见意义，才是教师专业成长的题中之义，而意义的核心即发现与自我发现——不断从老教师的好做法中提取价值，并与自己的优势对接，最终形成自己的教育、教学方式。

三是增值。老教师愿意把自身在走过很多弯路、吸取过很多教训后形成的核心经验和盘托出的动力是什么？这不能仅仅靠觉悟，更重要的是要让老教师感受到，只有将经验分享出来，才能得到更多改进的智慧，进而实现增值。

当一位新教师可以面向全校教师甚至在更大范围内请教“师父”的时候，他的问题生成就会更为大胆而开放，他的成长渴望就会愈加“可求”且“可遇”。当一位被请教的“师父”面临着随机性的请教者以及随机性的问题时，其长期积累却又沉睡很久的经验就可能在挑战中被激活，至少，他必须在应对中对以往的经验加以抽象、概括。而尤为重要的是，在与更多样的“徒弟”

的碰撞中，“师父”们能深切感受到自身经验的广泛价值，这有利于他们强化积极的自我概念，升华经验，深化思考。

十一学校通过为新教师提供“前人栽树，后人乘凉”式的支持工具，实现了培训方式创新、成长规划协商、学习共同体建设的多元组合，其根本价值在于促进每一位教师成为更好的学习者。

三

当下的新教师是充满创新活力、蕴含巨大发展潜力的新生力量，是学校可持续发展的核心竞争力，更是国家和民族未来教育的新希望。寻找新教师成长的路径，为每一位新教师发展助力，让“每一位教师都是一座富矿”的理念落地，是我们编写这本书的初衷，也是我们与同行探索前行的开始。

如果您是新教师，这本书中的20个问题可以帮助您集众人的智慧，站在“前辈”的肩膀上，开启自己教师生涯的新起点。

如果您是老教师，您已经具备很丰厚的教学经验，您有对这20个问题更优的解决方案，您可以据此萃取出自己的核心经验，然后与十一学校老师们提供的相比照，这种学习方式是绝佳的专业研修路径。

如果您是校长，您可以从本书结构中管窥自己学校新教师培训的脉络，建构本校教师培训的新蓝图，寻找驱动本校教师专业成长的关键点。

如果您是研究者，这本书中提供的20个问题、近百位新老教师的问题解决策略，能够为您提供教师专业发展的真实案例，使来自一线的实践智慧更好地转化为理论。

第一辑

课堂教学篇

备课到底应该备什么？如何准备才能上好第一节课？如何提高课堂效率？……

1. 第一节课必须上好，怎么办？

赵通

第一节课成功与否会影响新教师的职业心态与职业发展。无论是在初中还是在高中，抑或是在大学，不少新教师都栽在了第一节课上。第一节课的失误有时会导致一学期、一学年上课都磕磕绊绊，甚至让人产生“畏惧课堂、畏惧学生”的情绪。所以，上好第一节课非常重要。本篇将提供大量优秀老教师的宝贵经验，以便让新教师打好职业第一战。

一、新教师的第一节课，常见问题有哪些

通过访问多位近两年入职的新教师，总结出第一节课的常见问题，如下。

（一）紧张

虽然课前精心做了准备，但走进课堂面对学生时，大多数新教师还是会产生紧张情绪，以致难以按照原定计划展开教学，出现脑子里一片空白、语速变快、语言重复、时间掌握不当等问题。

（二）“曲高和寡”

由于入职不久，初职教师的角色转换通常还不到位，精心准备的导言课往往学术性过强，超出了学生的接受能力和理解范围。尤其是语文、历史这样的学科，中学生对教学内容远没有达到深刻理解与体悟的层面，新教师若直接照搬大学里所学的理论，不仅没有实际效果，还会造成学生对课堂的恐惧。

（三）缺乏过渡

有些新教师认为，只要教好内容就可以，不需要使用什么技巧，在简单的开场白后就可直接进入实际知识教学阶段。但这样做可能会影响学生对老师的第一印象，会使学生认为这个老师很死板，甚至对课堂产生排斥情绪。

（四）出现冷场

有些新教师并不了解学生，师生之间有很大距离，师生关系处于初始阶段，师生互动少，结果导致冷场。

（五）时间控制不当

由于课堂节奏过快或教学内容准备不足，结果离下课仍有一段时间，准备的内容却已讲完。对此，有些新教师茫然不知所措。这会降低学生对老师的信任感。

二、要上好第一节课，应该怎么办

多位经验丰富的老师和一些顺利完成第一战的新老师，均认为要上好第一节课，必须提前做好充分准备。准备工作内容较多，主要有以下六个方面。

（一）精心布置教室

功能教室应提供适合本学科教学的良好环境，突出学科特色以及教师自身的教学风格，应简约而不简单，让学生一进教室就能立刻融入学科氛围中。教室的墙壁、黑板、书柜、桌椅共同组成功能教室的教学环境，每一个或几个模块均可自由组合布置成适应学科日常教学的环境。

数学、物理等学科在日常教学中有较多的计算活动，这类理科教室需要在教室两侧适度添加适合演算的白板，书柜可以适当减少，放在教室后方，空出的墙壁可以张贴科学家的照片和事迹，也可以张贴一些有关公式总结的海报。语文、历史等文科教室的布置应偏重人文精神素养的建设，以便在潜移默化中培育学生的学科核心素养。

[案例 1-1:“我最喜欢的教室”]

历史学科的李亮老师的教室广受学生好评。其中配备了五个大书柜，整整齐齐摆放着有关中国史、世界史、专题史等各类历史书籍，随时欢迎学生借阅。里面还有两个小报刊架，摆放着最新的历史期刊，可以让学生接触到最前沿的史学研究成果。桌椅的摆放使用小组讨论式结构布置，以方便学生在课堂上进行讨论、合作学习。墙壁的空白处主要张贴学生们制作的各种历史小作品，有中外历史大事对照年表、课本重点知识点梳理，还有历史名画等。李老师还将教室门利用起来，在前门和后门布置了“光头历史侦探社”和“英雄话吧”两个主题活动。年级每一位学生都可以就当期话题与老师进行匿名互动，以解决自己的问题，表达自己对历史的看法。有学生评价称：“历史教室是我最喜欢的教室。这里先人智慧无所不在，缥缈的历史随处可见，人类的理性光辉笼罩着整个教室。”

[案例 1-2：简约、实用的数学学科教室]

数学学科朱燕老师的教室西侧是教学用黑板；北侧墙壁上布置了两大块白板，供学生自由探讨问题时演算使用，同时也可提供难题解析；东侧墙壁上贴满了圆锥曲线知识要点和微积分变换公式；临窗的南侧墙壁布置了两个书柜摆放数学类书籍，西南方位还设置了专门的教具准备空间。桌椅摆放采用传统的行列式，以保证每名学生都正对教学用黑板，教师板书可以一览无余。

如果能为功能教室设置一个主题就更好了，因为主题可以直观地给学生以深刻印象，也体现着学科教师的学养与素养。

[案例 1-3：以鲁迅为主题的学科教室]

语文学科黄娟老师的教室以鲁迅为主题，无处不体现着鲁迅先生的荣光。教室正后方的大背板用拼图式照片生动地展现了鲁迅先生传奇的一生及其各个时期的代表作，构成“鲁迅印象拼图”；左侧辅以书柜，放置鲁迅先生的作品供学生借阅；教室右前方的高脚凳和吧台讨论桌给教室增加了一份现代感，进一步强化了鲁迅先生革新文学的时代张力。地面全部铺了地毯，环境高雅，不落窠臼。这里非常受学生欢迎，白天自习时间和晚自习时间常常爆满，一座难求。

（二）了解学生情况

了解学生是上好课的前提。只有了解学生目前的真实水平与能力，才能决定课堂的方向。如果是中途接手班级，新教师最好向曾经教过这个班的教师请教每一名学生的情况，掌握他们的性格、学习模式、优缺点等基本信息。如果是新班，则应该提前查看学生名单及照片，并尽可能记住学生的相貌和名字。上课当天，应至少提前 5—10 分钟到达教室，微笑着迎接学生，并与学生相互问好，能叫出学生的姓名更好。

[案例 1-4：最受学生欢迎的廖老师]

数学学科的廖丽娜老师是学校最受学生欢迎的老师之一。廖老师是一名六年制大循环老师，在每次接手新学生时，她第一时间就尽可能地了解班级学生的情况。廖老师会与教过这些学生的老师们进行多次沟通，尽量掌握每一名学生的学习习惯和日常性格，并有针对性地进行梳理，以做到心中有数。

（三）做好角色转换

新教师初登讲台最棘手的问题莫过于身份、角色的转换。从坐在讲台下的学生转变为站在讲台上的教师，变化之大往往让他们一时难以适应，产生紧张情绪在所难免。政治学科的潘从红老师认为，新教师一定要树立起正确的教师观，尽快调整好自己的角色，并建议新教师加强心理暗示：自己已经是一名教师，是课堂的引导者。

化学学科的孙京老师建议新教师，应提前对自己的教学风格有一个判断，以便从第一节课时就大致确定自己的教学风格。如果你是一位严格型教师，就要告诉自己在坚持原则的同时不忘展露幽默、诙谐，尽可能使用风趣的语言来拉近学生和自己的距离。如果你是一位温柔的“暖男”型教师，就切忌讨好学生，忘记坚持基本规矩，否则就会造成学生对课堂不尊重，甚至肆意妄为，最终导致课堂失控，严重影响教学效果。如果你是一位学院型教师，就请一定要注意，中学课堂的教学不是学术研究，而要以学生的成长为目标，课堂内容应接地气，符合学生的接受能力。

（四）保持精神愉悦

新教师在上第一节课时或多或少都会感到紧张，这是正常现象，一定要设法让自己放松下来。2015 年新入职的左纵宇老师以他自己的体会建议，新教师上第一节课的前一天晚上最好不要再反复模拟即将到来的新课，而是早些休息，以保证第二天能有最好的精神状态；上课的当天早晨可以早起冲个澡，吃好早饭；上课时应提前 10 分钟到功能教室门口微笑着等待学生到来。在这个过程中，如果始终感觉紧张，新教师可以不断给自己一些有利的心理暗示，暗示自己一定能做到最好，并得到学生的喜爱。

（五）着装得体

一名称职的教师会相当重视自己的着装，因为用得体的着装呈现自己职业教师的形象，亲身为学生做示范，本身就是一种教育。服装不是成就课堂效果的唯一因素，却可以成为阻碍课堂成功的重要因素。着装在一定程度上影响着学生如何看待和接纳教师，更会影响学生对教师的尊重度，这将直接关系到学生的课堂态度和课堂纪律。

汇集全美众多优秀教师成功教学经验的教师培训书《如何成为高效能教

师》中关于教师着装有以下经验总结：色调应尽量柔和；对男老师而言，有领衬衫配上领带很合适；衣服应熨烫整齐无褶皱，整洁、干净、合身的衣服容易树立形象。非体育学科老师穿着运动服、球鞋，穿破洞牛仔裤、短裙、透明衬衫、大裤衩、背心、拖鞋，珠宝装饰过多或化妆过重等，都是不合适的。

（六）上好第一节课——导言课

具体第一节课上什么内容，语文学科的史建筑老师郑重建议新教师，尽可能不要涉及具体的书本知识，而应该将第一节课规划为“导言课”。一节成功的导言课，既可以迅速拉近师生之间的距离，又可以使学生了解学科特性，明晰本学期的学习任务，激发学生的求知欲望，促使学生积极思考，从而以最佳状态投入新学期的学习当中。

笔者曾经随机采访过几名学生，他们都表示自己最喜欢某一科目是因为教师在第一节导言课上有精彩的发挥，让他们“一见面就爱上了课堂，爱上了老师”。

导言课可以细分为开场白、师生介绍、学科介绍（依据本学科是否为学生初次接触）、课堂介绍等几个方面，同时还应辅以制作精良的 PPT 课件。

新教师在准备导言课时还应预演，甚至应准备逐字稿，以做到万无一失。

1. 精彩的开场白

如果说整场导言课的内容是主菜，那开场白则是关键的前菜。虽然时间只有两三分钟，也不是正式的自我介绍，但开场白是新教师进行自我推销的最佳时机。简短的几句风趣、幽默而不失儒雅的话语，可以立刻缩短师生之间的距离，树立起自己在学生心目中的形象。开场白没有定式，但一定要符合新教师自身的气质。幽默的男教师可以设计寓教于乐的小情境，在生动的气氛中开场；飒爽的女教师可以用简洁的话语直接进入主题，给学生留下深刻的印象。

[案例 1-5：以最新的社会新闻作为开场后的导言课]

历史学科的李亮老师在上第一节课时，通常都引用当时最新的社会新闻作为开场白。2015 年秋季学期的开场是天津滨海化学品仓库爆炸事件，2016 年春季学期的开场是黑龙江哈尔滨天价鱼事件。李亮老师借由最新的事件引申到历史学对人类的重要性这一话题，顺势进入课堂介绍环节，这非常有利于学生接受。他的导言课深受好评。

新教师应注意开场白只是导言课关键的开始，而不是导言课的全部；不应在形式上过度设计开场白，追求所谓的新颖与时髦，以免偏离主旨，给学生留下一种抓不到重点的印象。

2. 充分的师生介绍

相互介绍环节的时间可以由新教师自己掌握，通常在 7—10 分钟。建议新教师可结合两张表现自己不同风采的照片，简要介绍自身的经历，说明自己的理想及对学生的期待。请新教师注意，你不仅仅要把姓名写在 PPT 上，最好还要微笑着大声念出来，以便让学生知道怎样称呼你，顺便留下更深刻的印象。此外，还要把联系方式告诉学生，以方便学生能够及时联系到你，以增强学生对老师的信任和好印象。

[案例 1-6：赵通老师的自我介绍]

在高一年级文科历史课堂上，我第一节课的自我介绍如下："各位同学好！我是你们的历史教师赵通，我喜欢大家称呼我赵老师。这是我的联系方式，大家有事可以随时联系我，睡觉时也会回答你哦（学生笑）。我是天津人，本科和硕士都毕业于北京大学历史系。虽然我是刚刚参加工作的新老师，但以“北大学神”（学生笑）的名誉向大家保证，接下来的三年里，我会很好地帮助大家共同进步。这个教室是我精心为大家布置的，希望大家喜欢。在这里，咱们要做的不仅是学习历史，还有分享美好的生活。希望三年之后的未名湖畔能有我们共同的身影。”

在学生介绍阶段，可以请每名学生以几句话简单介绍自己，以及对老师和学科的心愿（高年级或是中途接手的班可以言简意赅地进行）。在介绍过程中，教师应认真倾听、仔细观察每名学生，在心中记下他们各自的特点，并完成对教室课桌相应位置学生姓名的登记工作。

3. 有特色的学科介绍

学科介绍，主要在本学科为学生第一次接触或与先前存在显著不同（初三年级的化学，高一年级文科政治、历史、地理三科，高二年级的生物）时出现在导言课中。语文学科的葛晓丽老师建议新教师应着重介绍学科特性与核心素养。新教师可以在导言课上先举两三个学科实例，初步激发学生的学科学习志趣。例如，语文教师可以为学生介绍文学史上非常有名的回文诗，历史教师可以分享一个著名的历史人物或事件，政治教师可以分析一则时事。理科教师可以从学科出发，为学生演示一两个本学科有趣的实验。例如，物理实验钢针扎气球，化学实验燃烧镁条、铝热反应。然后，结合前面的实例为学生展示本学科的基本素养和基本能力要求。新教师在为学生展示本学期的基本学习内容时，如有可能，最好以一张时间表呈现，以便让学生做到心中有数。同时，新教师最好为学生简要介绍一些本学科有效的学习方法，以在知识层面征服学生，赢得学生的尊重。

4. 明确的课堂介绍

课堂介绍是学科介绍的延伸。在 10 分钟左右的课堂介绍环节中，新教师应向学生介绍学科功能教室的布局及用意、教具的位置等。要向学生说明欢迎并期待他们提出更好的建议，并参与到学科教室建设中。需要注意的是，很多经验丰富的教师都建议新教师利用一两张 PPT，简明扼要地说明本学期的学习内容，以让学生对学习内容有清晰的了解。

另外，新教师还应利用一张 PPT 为学生确立课堂规矩，包括课堂上的纪律、作业的完成等。规矩非常重要，是教学质量的保证。规矩要适当、适量。规矩应明确包括以下三个内容：规则（期望学生遵守什么）、后果（违反规则后要承担的惩罚）、奖励（行为恰当的学生将得到什么样的奖励）。规矩不是越多越好，而是要恰当。要把规矩的数量控制在你和学生都能记住的范围内，制定之后不要遗忘，更不能随意更改。制定的规矩要有明确、详细的解释，比如，应将“学生应保持课堂纪律”明确为“不能打扰教师教学，不能打扰其他同学学习，不能放纵自己不学”。

[案例 1-7：高一年级语文组的五个本子]

北京十一学校高一年级语文组的教师，在上第一节课时就统一要求学生在学习基础语文课程时需要准备五个本子：知识归类本、读书摘抄本、生活随笔本、作业本和课堂笔记本。老师会明确告知学生每一个本子都有特定的用途，以及哪一天上课需要带哪个本子、什么时候上交接受检查、如何更正，等等。严格按照要求做的学生将会获得过程性评价奖励，违反要求的学生将承担相应的后果。

5. 制作精致的PPT

多媒体已经是日常教学常用的工具，一份精致、生动的 PPT 可以使导言课的效果更上一层楼。新教师常犯的错误在于过于求全。生物学科的吕俊鸟老师建议新教师在制作 PPT 时一定要尽量减少字数，要用最简洁的语言体现内容；同时各张 PPT 的编排应符合学生的思维逻辑，易于学生接受。新教师要注意尽量多搜集符合本学科特点的 PPT 背景与素材。例如，语文课的 PPT 应富有诗情画意，历史课的应厚重严谨，数学课的应逻辑严密，物理课、化学课的应直观，政治课的应贴近日常生活，等等。

6. 逐字稿与反复预演

许多新教师都会用重复预演的方式来准备第一节课。笔者根据自己上第一节课的经验，强烈建议新教师准备逐字稿。所谓逐字稿，是指新教师把自己在即将要上的课上要说的话事先完整地写下来，将 45 分钟细化到分秒进行课程准备。这看似是一个笨办法，实际上大巧若拙。写出逐字稿可以让教师清晰地掌握课堂上时间的进程，明确特定时间应该做出的行为，这样一来，语速快慢也就有了控制，不会出现因准备的内容已经讲完但还没下课的尴尬。另外，逐字稿可以让新教师反复对照、修改，真正做到准备充分，极大地增强信心。

新教师还应对课堂进行预设，预计不同阶段学生有可能出现的反应。可以先对着镜子进行预演，关注自己的姿态与表情，控制语速；然后再向有经验的教师请教，请他们听你预演并指正、帮助你。这样反复练习，便可做到心中有数。

第一节课非常重要，但就教师职业生涯而言，它又只是普普通通的一节课。所以，课后认真进行分析、总结，是新教师上完第一节课后不可缺少的一环。没有分析、总结是不利于提高的。因此，新教师应及时回顾备课和上课的过程，分析导言课上有哪些部分较好地实现了计划，还有什么不足；课上发生的没有预料到的情况，自己是如何应变、处理的，并进行分析；哪些问题在备课时没有考虑到；学生在学习中有哪些反应；下堂课教学时要着重注意些什么，等等。

[案例 1-8：第一节课只是一个开始]

物理学科的王跃东老师认为，第一节课属于缄默知识，希望新教师能在课后进行全面总结、反思。上好第一节课，不是单指 45 分钟里的表现，而需要延长这节 45 分钟课的半径。同时，课后应对照学生座位名册，尽快记住并了解每一名学生；要尽量多听其他老师的课，以提升自己的备课水准；要设想教学中可能遇到的问题，思考一些对策预案；要将阅读和思考作为一种生活方式，不断提升学术高度。语文学科的曹书德老师也认为："第一节课只是教师生涯的开始，漫漫长途，用心用功对待每一堂课，才是正道。"

以上优秀教师的妙招，对你上好职业生涯的第一节课是不是很有帮助呢？让我们来回忆一下，将它们牢记于心吧。

如何准备第一节课

- 精心布置教室
- 了解学生情况
- 做好角色转换
- 保持精神愉悦
- 着装得体
- 上好导言课

导言课要这样上

- 精彩的开场白
- 充分的师生介绍
- 有特色的学科介绍
- 明确的课堂介绍
- 制作精致的 PPT
- 逐字稿与反复预演

2. 不知如何备好一节课，怎么办？

覃思

说起备课，初职教师脑中浮现的可能是挑灯夜战配上一本厚厚的教案。然而，到底该怎么战，一时却也说不清楚。

有初职教师觉得备课就像准备枪和子弹，但关键还得在课堂上直击目标。这话不错，但没有枪和子弹，恐怕也很难凯旋。对初职教师来说，备课的重要性绝不亚于课堂教学，在某种程度上甚至可以说备课更为重要。

初职教师缺乏经验，教学管理能力往往还不强，只有有充分的备课打前阵，我们才有可能在课堂上做到游刃有余。

那么备课到底应该备什么？下面具体谈谈备课可以从哪些方面入手。

一、备学生

初登讲台的教师，特别容易出现的一个问题是关注自己的表现大于关注学生。

“今天，我的课上得怎么样？”

“我刚才的板书写对了吗？”

“哎呀，怎么办？刚才我一紧张漏讲了一个知识点。”

一节课下来，这样的思绪在初职教师中比较常见。而有经验的教师注意力则不在此。他们关心的是，这节课下来，学生学到了什么。初职教师常常容易忽视自己主要的工作对象是学生。如果不能明确并满足学生的需求，这堂课就是无效课堂。

（一）备学生的能力缺失点

我们需要了解学生的能力缺失点，即在学生需要具备的学科素养和能力中，哪些是他们还没有完全掌握的有所缺失的能力点。初职教师在备课时容易主观认为某个简单的知识或技能学生很容易掌握，对此没有给予足够的重视，结果导致教学效果不尽如人意。

“这个知识点这么简单，学生怎么就是不会呢？”

然而，这对学生来说真的简单吗？我们的教学为学生掌握这部分内容铺好台阶了吗？

如果在备课时仔细研究学生的能力缺失点，我们可能就会发现自认为好掌握的地方有可能恰恰是学生的薄弱环节，也是我们在教学中容易忽视的死角。

要清理这些死角，需要我们充分了解学生的实际。比如，学生的知识基础、理解能力、计算和实验能力等目前处于什么水平。了解的方式、渠道众多。我们可以通过批改学生的作业、与学生一对一辅导交流、有针对性的阶段诊断、观察学生的课堂反应、发放调查问卷等多种形式判断学生的核心能力水平。

［案例 2-1：兰玉茹老师巧妙因需施教］

化学学科的兰玉茹老师认为，备课时，我们应该找准哪些是学生自己能够学会的、哪些是学生较难学会的。对前者，教师可以注重原理的讲解，帮助学生通过阅读教材来理解；对后者，需要教师提供更进一步的帮助。

兰老师通过网络平台，在课前了解每个学生对所学内容的不同需求。学生可通过发邮件等方式提出预习中的问题。教师在课前就能有针对性地了解每个学生的难点。

兰老师认为，一些学生能够自己学会，只需要教师稍加点拨的问题，教师可以在课前进行指导。这种指导实际上也是我们备课的重要一环。备课不能仅仅停留在教师与想象的学生或者说经验中的学生交流，更多的应该是与真实的学生交流。对某些章节，我们可以通过网络平台发布前测，更细致地了解学生在这个部分目前的能力水平和思维状况。

在平时的教学中，我们应该注意积累学生在课前预习、课中生成和课后反思中的各种问题，并分类整理，了解哪些问题是学生的共性问题，在备课时做到有的放矢。

［案例 2-2：老师进行充分的学情调查］

语文学科的来凤华老师教授的记叙文写作课属于学生的自选课程。这门课重点面向记叙文写作基础相对较差的学生。设置这类课程的目的非常明确，那就是“补弱”。了解学生弱在哪里、弱的程度，这是授课的前提。

来凤华老师在备课时，先通过了解孩子以往记叙文的写作情况，对教学班内 24 个学生现阶段的水平和问题进行了详尽分析。

经过充分的学情调查，来老师将这 24 个孩子大致分为 4 种情况。

①文散无心（8 人，占比为 33%）。

②文乱多心（5 人，占比为 21%）。

③文偏歪心（3 人，占比为 13%）。

④文在浅心（8 人，占比为 33%）。

了解了这些情况后，来老师在备课时，针对这几种情况分别制定了帮助孩子补救、提高的策略。

补救方案一：文散无心（不会立意）。策略：教立意的方法。

补救方案二：文乱多心（众多材料不能围绕中心）。教学策略：病例启示（升格训练）。

补救方案三：文偏歪心（立意不正确）。教学策略：加强审题训练（教如何审题）。

补救方案四：文在浅心（不会挖掘）。教学策略：例文启发（教如何挖掘深刻立意）。

了解学生的能力缺失点，需要我们时时监控学生已经掌握了哪些内容，以及在学习过程中已经发生的增长点和原地踏步的部分；还需要我们据此预设学生在课堂学习过程中可能会生成哪些新的内容，并准备应对策略，以帮助学生拓展思路，开阔视野，完善其学科核心能力。

[案例 2-3：黄晓鸣老师有的放矢地备好一节课]

英语学科的黄晓鸣老师教授的学生，大都有较好的英语功底。黄老师前期通过提问、访谈、课堂反馈等多种方式了解到所教学生对英语一般现在时、动词的第三人称单数等有较丰富的学习经历，对谈论日常活动安排有较充足的语言准备。总之，所教学生在课堂上口语基础不错，乐于表达，能积极参与。但学生欠缺的是表达的互动性、系统性和逻辑性。黄老师将自己课堂的核心任务定位为引导学生按照一定顺序、有逻辑地提出问题并学习基本的互动技巧。

为此，黄老师在备课时为学生准备了两个文本，讲述了两个上班时间完全不同的人的日常活动。这两个人一个是夜间节目主持人，一个是消防员。黄老师给出这样的情景任务：节目主持人邀请消防员当节目嘉宾。学生需要帮主持人准备至少5个采访问题。在备课时，黄老师依据此前了解到的学生能力水平，重点思考学生会从什么角度加工文本和已有内容、课堂上能自主生成哪些内容、在与同伴思维碰撞中会擦出怎样的火花或遇到哪些障碍等问题。

黄老师在备课时预设学生可能会在课堂上提出以下问题，并据此做了详尽的应对策略，引导学生攻克难关。

您什么时间上班 / 下班?

通常，您在工作时都忙些什么?

您为什么选择做消防员？

您有没有过想放弃的经历？

您的家人担心您吗？

您有没有受过伤？

您能给人们提一些安全小建议吗？

黄老师这堂课达到了预期效果。学生在合理的情境中学会了运用语言，并在表达的基础上开始关注表达的互动性和逻辑性。

（二）备学生的学习方式

明确了学生的学科核心能力后，我们还需要了解更易于学生接受的学习方式。

“我喜欢自己独立研究问题，我最喜欢自主研习。”

"我得和同伴讨论才能激活思维火花。"

"我需要听老师讲解，才觉得学踏实了。"

不同的学生乐于以不同的学习路径来探索未知的知识世界。在备课时，老师需要充分考虑不同学生不同的学习方式。学习方式在很大程度上反映了学生的思维方式，也是其学习风格、认知风格、学习习惯、学习策略、学习品质、学习动机以及年龄、性别、性格类型、家庭环境、职业理想等多种因素共同作用的结果。

托马斯·阿姆斯特朗告诉我们，要了解孩子如何才能学得最好，一定要问问孩子自己，因为他们始终按照自己的个人风格汲取知识。当我们以自己的设想为出发点做种种工作时，每一个学生却都是带着自己的特点，按照自己获取信息的速度、自己的学习风格，沿着自己的学习路径和方式来学习的。因此，如果我们需要为每一个学生提供适合其特点的学习计划、学习资源和学习环境，就必须从了解每一个学生的学习路径、学习方式开始。

[案例 2-4：覃思老师从学习方式入手对学生因材施教]

英语学科的覃思老师教学班上学生的学习路径和学习方式千差万别。覃老师通过观察、访谈、问卷调查、让学生填写学习风格量表等多种方式研究不同孩子的学习方式和学习路径。

以徐同学为例，他的英语成绩和语言能力相对较强，但他对英语各项技能的学习一直处于一种松散、没有规划的状态，导致成绩忽高忽低。

表 2–1 是徐同学的学习方式及优化措施。

表 2-1　徐同学的学习方式及优化措施

英语技能	学习方式和途径	学习方式分析	优化措施
听说	看原声电影不加字幕；自言自语；积极参与接待外宾活动，加入模拟联合国社团	是主动型学习者，乐于动手实践、参与活动，将英语用于实际生活；是全局型学习者，能随机吸收材料中的有用信息；是言辞型学习者，他乐于表达、解释和说明；也是知觉型学习者，喜欢创新	从他相对不擅长的反思型学习、顺序型学习、视觉型学习、感知型学习入手，推出专属于他的英语自研学习方案；他可以在上课时间完成自己专属的学习任务，但这些任务需要经过自己适度规划，并经老师审核；课堂上会开辟出专场沙龙，让他将自己了解到的有趣的东西简洁、有逻辑地跟大家分享；同时，课堂上的基础测试，他需要得满分才能过关，逐步帮助他养成注重细节的习惯；充分发挥他的优势，弥补他的劣势
单词	用百词斩等单词记忆应用；不喜欢抄写、听写		
阅读	在维基百科上读喜欢的动漫人物介绍；读英文说明书		
语法	在使用中摸索，不记具体规则		
写作	多写日记；遇到不知道怎么造句的地方用百度搜；跟母语为英语的外国网友打字聊天		

二、备教学资料

教学资料指教学中使用的各种资源和材料。

（一）备所教学科的学科体系

首先，要找到所教学科的课程标准。这本书常常被初职教师忽视。在“课程标准”和“教学设计案例全集”两者中，我们常常会挑后者。然而，这种直奔主题的方式往往会阻碍前进的步伐。为什么？这就像盖大楼，如果我们只重视钢筋、水泥的质量，而忽略整个大楼的工程设计，那么，即使钢筋、水泥质量过硬，也只能建成一栋危楼。如果我们不去了解所教学科的学科体系，只关注具体一节课零散的知识、技能，那最后的教学效果如何可想而知。课程标准一如大楼设计蓝图，包含了学科教学的总体目标和方向，以及学生在各个阶段需要达到的能力目标。教师在开启自己的教学生涯时应该对整个学科体系有相对全面的了解，而不是教一步，了解一步，教完一轮才发现原来整个大楼是这么个模样。除了课程标准，初职教师还可以通过教师参考用书、所教学科的全套教材来深入了解相对完整的学科体系。有了这样的准备，具体到自己所教的某一本书、某一节课时，我们才能做到“瞻前顾后”，深入理解所教内容，并确定好每一节课的学习目标。

[案例 2-5：张伟老师重视学科体系问题]

数学学科的张伟老师在准备三角函数这一课时，在整个学科体系的背景和高度下看待这一内容，研究其用处、概念，以及由此延伸到的函数的单调性、周期性，弧度制等。然后，他研究课程标准中初中、高中对三角函数不同的能力级别要求，以及如何做好初中、高中能力的衔接。张老师还进一步查阅中国知网、相关学术期刊，翻阅世界数学史等，以求弄清楚三角函数的来龙去脉以及在整个数学学科中的地位和意义。在这番研究后，张老师明确了这节课的学习目标。

虽然这些备课内容不会直接教授给学生，但了解了整个学科体系后，张老师才能清楚三角函数在什么阶段应教授到什么程度、在什么阶段应该引入哪些相关概念、在什么阶段可以和哪些相关数学概念和理论相联系。

初职教师对学科知识体系的把握其实是有一定优势的。初职教师如果从执教开始就在备每一节课时，踏实地研究清楚所教内容在整个学科体系中的位置，进而明确课标中为什么在这个阶段要求学生掌握这个内容并掌握到这个程度，那么，就能从更深层次上把握好自己所教的学科，而不是一味盲从课程标准和课本。这样的备课过程，在某种程度上也能帮助初职教师锻炼自己的独立思考能力和创新能力。

（二）备所教内容的具体资料

具体到某一节课时，我们需要考虑，教学内容是适合自学还是适合讲解，是适合合作学习还是适合讨论研究，以及如何将所教内容和实际生活联系起来。然后，再根据具体情况广泛参阅来自书本、期刊、网络等的各种资源，同时注意整理和积累资料。

在“互联网+”时代，我们可以充分利用信息技术普及带来的优势，打破课堂的时空局限，拓宽资料的深度、广度和交互性，让课堂教学变得更加开放和更适合学生的需求。

[案例 2-6：刘海东老师大力扩展教学资源]

数学学科的刘海东老师在备课时特别善于利用网络平台、借助教学软件来拓展教学资源。刘老师建立了自己的数学学习网站，把搜寻到的网络教学资源整理在网站上。这样既整理了自己的备课资源，也构建了师生交流的平台。

随着网站的发展，学生也参与其中，从被动接收资源转变为主动创造教学资源，这些资源也成为常态数学教学中宝贵的学习资源。学生既是内容的消费者、使用者，也是内容的生产者、创造者。这使得教师备课的资源不仅大幅拓展，还增加了深度和互动性。部分学生还在网站上开设了专栏。

刘老师还善于运用一些数学软件来扩展教学资源。以下是刘老师平时整理的比较好用的数学软件资源。

①通用数学软件：Matlab、Mathematica、Maple。

②专用数学软件：绘图软件类：MathCAD，数值计算类：Scilab，数学公式类：MathType。

③适合中学生使用的软件：几何画板、超级几何画板、GeoGebra、DPgraph。

在十一学校各类学科教室中，通常都有激发学生去探究、学习的各类教学资料，教师可以在备课时充分利用。

[案例 2-7：宋新国老师活用学习资源]

物理学科的宋新国老师为了便于学生学习简单机械，从保卫处申请了两辆淘汰的自行车，学生看到后迫不及待地问能不能“解剖”一下。宋老师会在教室里放置气筒，通电向外吹风，以引发学生对怎么测量出风力进行探讨。他还会在教室里堆放秤砣，以引发学生对质量问题的探讨。宋老师的教室里处处有文章，处处能引发学生探究的天性。

三、备教学设计

在对学生和教学资料有了较深入的了解后，我们就可以进入备课的一个关键环节——这堂课我具体该怎么上。

当我们了解了学生的能力缺失点和学习方式、教学的总体目标以及细化到某堂课的目标，准备好了较丰富的教学资源时，教学设计工作实际上已经完成了一大半。

接下来，还需要我们细想的是如何通过课堂设计推动学生的高效思维。课堂进行的过程实际上就是学生思维发展的过程。如果我们只是精心设计了任务，要求学生去完成，而无法调动学生的思维，那这样的课堂也是低效的。

［案例 2-8：设计课堂时的往前推与往后推］

英语学科的侯敏华老师指出，老师可以从学生的能力缺失点出发往前推，设计出这节课最核心的课堂任务，然后顺着某种条理或逻辑往前推，找到课堂的出发点，一步步为学生搭好台阶，最终引导学生解决整节课的核心问题。解决了核心问题后，我们再引导学生顺着某种逻辑或条理往后推，看能否进行一些拓展。这样不仅能有针对性地解决核心问题，还能对更深层次的能力目标起到渗透作用。

英语学科的吴洋老师准备教授一篇有关圣诞记忆的记叙文。通过阅读这篇文章，吴老师想达成的目标，包括阅读记叙文以后了解主要人物及事件，并对故事情节进行排序、推断。

在备课过程中，吴老师把这节课要培养的学生核心能力定位在了排序上。他首先围绕这节课最核心的能力设计课堂任务，然后顺着要达到的这个核心能力往前推，以学生需要先完成什么样的学习任务作为铺垫，从而找到课堂的出发点。解决了核心问题后，再引导学生顺着往后推，设计如何帮学生进一步拓展。

按照这个思路，吴老师在课堂的开篇设计了以下情境：如果你是导演，要以这个文段为背景拍摄圣诞题材电影，你应该有哪些步骤?

第一步，吴老师引导学生听文章，思考应该设置哪些主要情节。

第二步，各组思考这些情节要拍成电影，该如何排序，并给出理由。在这个过程中，学生需要综合运用语言知识完成排序任务。

第三步，在完成了排序任务后，引导学生回到文本，往更深层次思考。除了以上列出的情节，是否还有文中提到的内容不在我们要拍的电影范围内？制作一部电影，现有的情节够吗？是否需要增加？

第四步，在深入研读文本的基础上，让学生根据文本内容和电影的需求，选择适合的电影配乐。最后，在学生所商定好的背景音乐中再次体悟文章表达的感情。

在备教学设计时，我们需要对学科资源充分开发、整合思考。学科各内容间、学科间的联系，生活情境等都可以成为教学设计的灵感之源。全新的课堂需要新的学习活动作为支撑。我们的设计思路需要从学生的高效学习和后续发展出发。

[案例 2-9：任春磊老师的纸牌游戏]

生物学科的任春磊老师设计了一节“现代生物进化理论”课。

第一步，确定目标和学生的能力缺失点。

这一课的内容是“现代生物进化理论”。这一节课的难点内容如下：种群基因库，进化的实质——种群基因频率的定向改变；进化的方向——使种群更加适应环境。对这些难点，学生掌握得往往不尽如人意，究其原因，主要是这一节课的相关概念较抽象。

第二步，突破学生的能力缺失点。

生物进化的真实过程不可重演，无法验证。对没有直观实验验证的抽象内容，无论是阅读还是听讲，学生都存在理解障碍。在备课过程中，任老师在想：如何才能突破抽象难点，让抽象的东西具体化呢？结果平时学生都喜欢玩的桌游，激发了任老师的灵感：虽然生物进化的真实过程无法重演，但我们是不是可以用纸牌游戏来模拟种群的进化过程呢？

第三步，设计有针对性的学习任务。

任老师针对学生的疑惑设计了生物进化纸牌游戏。无论是制定游戏的规则，还是设计游戏的玩法，都充分调动学生的积极性，让学生对游戏规则、玩法产生争论，在这个过程中引导学生边讨论边推算，并且内化概念的有关细节。这样的形式，让每一个学生都能体悟到生物进化的理论，并且对核心概念有了更为准确的理解。

在设计教学思路时，始终需要遵循的原则是让学生在用中学。设计学习任务时应尽可能创设实际或与实际情境相似的活动，让学生去探索、去体验，从而掌握新知识、新技能，而不能一味将课本上的知识灌输给学生。正如苏霍姆林斯基所说："让学生体验到一种亲身参与掌握知识的情感，乃是唤起少年特有的对知识的兴趣的重要条件。"

[案例 2-10：黄晓玉老师让学生的学习任务情境化]

英语学科的黄晓玉老师倡导让学生的学习任务情境化。学生只有在情境中实际运用语言，才能真正将教师所教内容内化，也才能真正培养起综合应用语言的能力。现代社会的发展也需要我们培养能实际运用知识的人才。高分高能的人才需要教师在教学上给予引导，并提供空间。

黄老师这节课的学习目标是学生能够理解所阅读文章的内容，评估他人的饮食是否健康，并给出建议。在备课中黄老师想到，同年级的贾老师在学生中有很高的人气。如果让学生为贾老师制定一份健康食谱，肯定能激发学生的兴趣。学生在这个过程中能学会根据阅读到的内容了解进而评估他人的饮食健康与否，并提出合理的健康食谱建议。这样的备课思路给了学生实际运用语言和理解所读内容的真实情境，充分撬动了学生的思维，让学生在不知不觉中攻克了难点。

阅读活动设计：给贾老师做一份饮食评估报告。

第一步，学生采访贾老师，了解他的饮食习惯。

第二步，学生阅读文章，了解怎样的饮食是健康饮食。

第三步，设计问题，引导学生突破阅读难点，深入理解文章。

第四步，指导学生写出简单的饮食评估报告，给出合理的建议。

当然，备课的思考过程不应仅仅停留在课前，课后我们可以与其他教师进行研讨或者集体备课，反思这节课当中哪些环节是符合学生需求和发展的、哪些环节需要改进、需要从哪些方面改进等。课后的反思性备课对初职教师提高自己的教学水平和技能同样大有帮助。

如何备好一节课

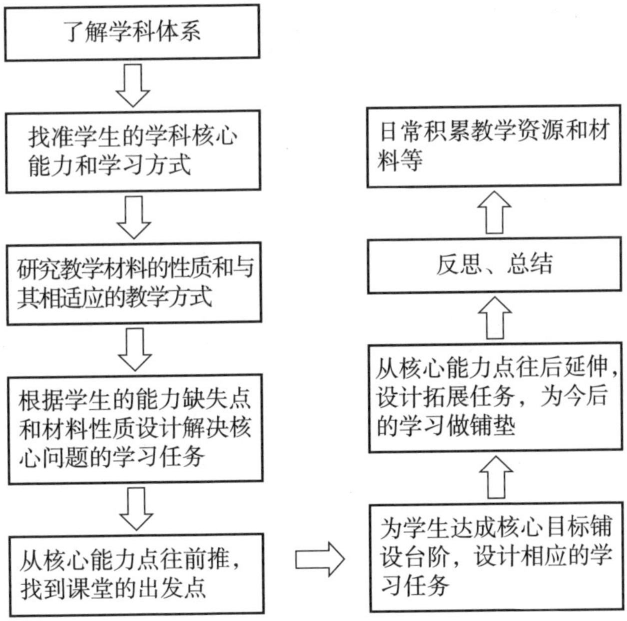

3. 设计不出能激发学生深度思考的好问题，怎么办？

王树超

高效的教学离不开好问题的引导。如何设计出能激发学生深入思考的好问题，无疑是初职教师站稳讲台的关键。

一、为什么有些问题效果不好

你是否有这样的经历：当学习一篇课文时，提问了课文的作者；当学习一个概念时，提问了这个概念的定义；当学习一个定律时，提问了公式的内容？而这些都清清楚楚地写在课本上，学生不假思索就能回答。你是否曾费尽心思设计过一系列题目，而学生却几乎没有回应，经过你的层层引导，才有少数几个学生能跟上？又是否总是只有特定的一些学生和你互动，其他学生却一直沉默？你是否设计了一些问题，却没有达到预期目的？如果你有这样的经历，那么是时候想一想为什么学生不喜欢你的问题，或者不能在你的引导下有所收获了。

你可以总结一下这些“坏问题”的特点，并慢慢去改变。

“坏问题”的特点如下。

1. 学生不需要思考就能得到答案。

2. 学生经过思考也很难得到答案。

3. 只有较少的学生能够有所收获。

4. 往往是验证式问题，如“是不是”“对不对”等。

…………

二、上哪里去找好问题

物理学科的于振丽老师认为，问题应尽可能来源于学生。她建议教师平时要注意积累学生的疑问。有的典型问题，可以直接使用。有的虽不便直接用，但经过改造，往往也能变成好问题。来源于学生的问题，更贴近学生的实际需求——只有学生才最清楚自己最需要什么。所以，如何采集、加工和利用学生有价值的问题是十分重要的。

[案例 3-1：魏勇老师讲遵守还是不遵守不平等条约]

英国发动“第二次鸦片战争”的借口之一，是中国未履行《南京条约》中开放广州为通商口岸的条文。讲到这里时，魏勇老师提出问题——“我们是否应该遵守不平等条约”，供学生讨论。下面是学生中两种典型的观点。

观点 1：条约是被迫签订的，内容是不平等的，所以不应该遵守。

观点 2：不管我们是否愿意，都必须遵守。因为当时中国实力太弱，若不遵守条约，会招来进一步的侵略。

表面上看，双方观点似有分歧。实际上却有一个共同点：在内心里认为不应该遵守不平等条约，持观点 2 的学生认为应该遵守条约只是出于对利害的权衡。魏勇老师准确抓住这一点，进而提出问题：“如果中国有足够的实力，是否还要遵守不平等条约呢？”这涉及规则意识和契约精神，让讨论变得有意义和深刻多了。下面是师生的一段讨论。

师：现在我们实力弱就遵守条约，将来实力强大了呢？

生甲：实力强大了就可以撕毁条约。

师：他的观点就是“君子报仇，十年不晚”。先忍一时，等强大后，条约就是一张废纸。

生乙：我不同意他的观点。因为在中国强大起来以后，邓小平仍然以和平谈判的方式解决了香港问题，并没有因为中国已经强大了就单纯以使用武力或者撕毁条约的方式，来解决之前的不平等条约问题。

…………

下面是几个问题收集小策略。

1. 多组织课堂讨论，倾听、记录、挖掘、加工学生的问题。

2. 答疑时，尽可能让学生展示自己的想法。当学生拿着习题来求教时，物理学科的田俊老师不急着给学生答疑，而是让学生先讲给他听。这样，他不仅明确了学生的思路在哪里出了问题，了解了学生共性的和个性的思维习惯，而且还能专门针对学生的情况来设计问题。

3. 多让学生当老师。多组织学生相互答疑是收集问题的好方法。由于年龄和思维习惯的原因，学生之间的沟通经常比师生之间的沟通更有效。给学生相互答疑的机会，教师更多地做倾听者，往往能在学生的讨论中发现很多有趣的、深刻的问题。同时，学生相互答疑，对培养学生的自信和兴趣有良好的效果。

4. 建立“提问墙”。张少鹤老师的教室外有一面很大的“提问墙”，平时学生有了疑难问题或者奇思妙想都可以写在上面，征求其他同学的解答。

…………

三、好问题有哪些特质

（一）能激发学生的研究兴趣

如果你是一位语文教师，要教新课《苏武传》，你会怎样设计你的问题呢？

［案例 3-2：闫存林老师课堂上的问题设计］

《答苏武书》脍炙人口，是入选《古文观止》的名篇。提出该文可能是伪作的观点，激起了学生的好奇心。为了探个究竟，做这段“文学公案”的断案人，几乎所有学生都燃起了极大热情。学生们不仅认真阅读了课文，掌握了生字、生词，有的学生还专门研究了苏武和李陵的时代背景，有的学生结合《李陵传》认真分析了李陵和苏武的性格特点，有的学生甚至调研了西汉的文风特点以及与后代文风的区别，还有学生自己找到了另外的兴趣点，研究了汉武帝时代的汉匈关系。

这样一个“好问题”，不仅激起了学生的研究兴趣，还让学生都做了深入思考，其收获是不言而喻的。

同时给出《苏武传》和李陵的《答苏武书》。

↓

提出文学史上的一个争议：《答苏武书》并非李陵本人作品，而系后人伪作。同时给出一些论据，如文风并非西汉风格等。

↓

抛出问题：请同学们根据文本资料或者自行搜索资料，来分析《答苏武书》的真伪。

↓

围绕问题组织课堂辩论赛。

（二）能为学生的深入思考搭建桥梁

学生并不是空着脑袋进课堂的，在学习新知识时，学生头脑中肯定有与其相关的旧知识。物理学科的于振丽老师指出，好问题应该在旧知识与新知识之间搭建桥梁，以推动学生深入思考。

[案例 3-3：于振丽老师设计的问题串]

在学习《万有引力》时，学生尚未接触椭圆，而教材上仅仅给出了椭圆的画法，对其几何性质没有做讨论。而这对万有引力定律的学习是不够的。而像数学课一样深入探讨椭圆方程，却也没有必要。于是，于老师设计了以下“问题串”。

①请同学们复习圆的画法并回忆如何根据其画法来写出圆的方程。

②根据教材给的椭圆画法，思考要画出一个椭圆需要确定几个量、能否根据椭圆的画法求出椭圆的轨迹方程。

③思考在什么情况下椭圆会变成圆。

在这一系列问题的引导下，学生不仅对椭圆的性质有了深入的认识，并且认识到了把行星轨道近似看作圆轨道的合理性。

由于物理学习的需要，学生需要掌握椭圆的基本知识，而这时数学课上暂时还没有讲到此内容，这就需要教师能够在学生的旧知识和新知识之间搭建桥梁，为学生提供深入思考的机会。

（三）能帮助学生构建知识体系

好问题之间应该是有内在逻辑关系的，而这种内在逻辑关系是学生构建知识体系的关键。

[案例3-4：哪种问题设计方式更好]

在学习《万有引力》时，教材的第一节是“人类对行星运行规律的认知历史”。下面三种问题设计方式，你觉得哪种更好？

A. 开普勒三定律的内容是什么？

B. 托勒密、第谷、开普勒对行星运动的观点各是什么？

C. 请你调研在人类认识行星运动规律的历史上，都有哪些科学家各自都做出了怎样的贡献？

于振丽老师使用了C方式。A、B两个问题，学生只要翻开教材就能得到解答，而要完成C问题，则非要亲自做一番调研不可。由于篇幅限制，教材并没有对所有做出重要贡献的科学家进行足够的介绍，若只阅读教材，对认识不同科学家、不同观点之间的深层逻辑关系是不够的。按照C这种开放式的提问，学生在搜集资料的同时，必然会对比不同科学家的观点，思考他们观点之间的逻辑关系。这对构建知识体系是至关重要的。

[案例3-5：张少鹤老师的问题串]

在每单元学习之前，张少鹤老师经常为学生设计问题串，即一系列体现知识内在逻辑关系的问题，目的是让学生在解决问题时，能构建自己的知识框架。下面是学习“电荷”时，张老师为学生设计的问题串。

①如何检验一个物体是否带电？使宏观物体带电有哪些方法？

②电荷是物体的固有属性，它与电量、库伦是什么关系？力学中有哪些描述固有属性的物理量？

③目前，人们为什么接受自然界只有两种电荷的事实？电荷为什么

不是三种、四种？

④摩擦起电的本质是创造电荷吗？毛皮摩擦过的玻璃棒带什么电？电荷守恒是指电荷无法创造吗？

⑤一个电中性的宏观物体是不含有任何电荷吗？

⑥人类是如何认识到电荷的最小单位是 e 的？

（四）贴近学生生活

好问题不能只符合教师自己的想法，更应该贴近学生的生活。比如，在十年前学习电感时，往往用日光灯的启动原理为例；而现在这种日光灯正在被淘汰，就不宜继续用作例子。

四、提出问题有哪些技巧

（一）简单问题有外延

有些简单问题，教师并非不可提问，但提问的背后往往是有深意的。

[案例 3-6：闫存林老师的一个“简单”问题]

下面是闫存林老师教学苏轼的《江城子》的一个片段。

师：本词的作者是谁？（简单问题，学生翻书即可知）

生：苏轼。

师：你还听过他的其他称呼吗？

生：苏东坡、苏子瞻。

师：为什么古人有这么多称呼，而今天的我们却没有呢？

这就从一个很简单的问题，将学生引导到对古人名字的探讨上。

（二）提高问题的思维层次

[案例 3-7：邓靖武老师的一个提问]

在学习万有引力常量的测量时，请比较下面两种提问方式的不同。

A. 卡文迪许是如何测出万有引力常数的？

B. 如果你处在卡文迪许当时的社会环境里，在人类对自然界的认识还较贫乏也没有足够精确的科学仪器的情况下，你会怎么去做呢？

如果按照 A 方法提问，学生往往是照着教材，直接说出卡文迪许是用扭秤和平面镜反射两次放大操作完成测量的。这样学生不仅得不到思考的机会，对卡文迪许的艰辛和其巧妙的思想也会缺少理解。邓靖武老师是按照 B 方式提问的。学生站在了卡文迪许的时代背景下，提出了很多方案，也否定了很多方案，在思考的同时，也领悟了卡文迪许思想的妙处。

位移 – 时间图像、速度 – 时间图像以及两者之间的关系，既是运动学里的重点，又是难点。如果直接提出来，学生未免觉得枯燥。下面是邓靖武老师上课的例子。

[案例 3-8：邓靖武老师的又一个提问]

师：你有什么办法，去描述物体的运动状态呢？

生：（思考讨论后）只要知道任意时刻物体的位置，不就行了吗？

师：那物体位置随时间的变化，你能有什么办法描述呢？

生：列方程、画图像。（学生自然想到了需要位移 – 时间图像）

师：还有其他思路吗？

生甲：知道任意时刻物体的速度也可以。

生乙：甚至知道任意时刻物体的加速度也可以。

经过讨论，学生不仅认识到了位移－时间图像和速度－时间图像引入的必要性，而且这是学生经过自己的思考得到的，他们还能体会出这两种图像本质上都是描述运动的，同一个运动，可以有两种甚至更多种描述方法。这样，学生的思维层次提高了，认识也深刻了很多。

下面是几个课堂提问小策略。

1. 为不同的学生设计不同的问题。教师应该为班里不同层次的学生设计不同的问题，让学习差的学生能够学会基本知识，让学习好的学生能熟练应用。

2. 多用开放性的词语，如“你的看法”“你觉得怎样”等；尽量不使用封闭式词语，如“答案是什么”等。这样，学生就会觉得自己说什么都不会错，提高了他们的积极性，促进了他们积极思考。我们更在乎学生思考的过程。

3. 尽量提问不太会做的学生。不要总是提问优秀的学生，他们的回答总是正确的，不能暴露问题，而且会使他们感到厌烦。应该提问有自己的想法，却仍有疑惑的学生。把他们的问题暴露了、解决了，提问才能发挥真正的价值。

4. 适度为课堂留白。邓靖武老师认为，适度为课堂留白是非常重要的提问技巧，这能给学生时间消化知识。

4. 很难进行个别化教学，怎么办？

赵通

班级授课制是当前我国中小学校主要的教学方式，这种方式存在不容忽视的缺点：忽视个别化。长期以来，这种课堂上统一满堂灌、课堂下布置相同作业的忽视个性、忽视学生差别的统一教育，已经严重降低了教学效率，阻碍了学生发展。时代的发展、环境的变化要求学校与教师做出调整，以促进学生个性化发展。

个别化教学是在尊重学生个性的基础上，改变以教材、教师为中心，切实以学生为中心，关照每个学生潜能开发、个性发展的教育，它可以打破学习能力强的孩子“吃不饱”、能力弱的孩子“吃不完”的状况。北京十一学校自探索课程改革以来，小班化教学与走班选课制已在全校推广，理科分层，文科分类，个别化教学已在学校扎根。新教师在生涯起步时就应努力适应个别化教学要求，以便更快进入职业生涯的快车道。

个别化教学模式要求教师在同一课堂时间内面对不同需求的学生进行授课，对新教师任课能力提出了更高要求。新教师单纯依靠大学阶段的学习是难以满足学生差异化需求的，他们需要通过不断吸收、借鉴、积累来获得专业知识并将之转化、应用于课堂。

本文将为各位初职教师提供大量优秀老教师的经验，让大家早日驶入个别化教学的快车道。

语文学科的曹书德老师就“个别化”曾有一个形象的比喻：“把学生看作‘树’与看作‘材’是不一样的教育观。看作树，是希望学生按照他自己应该长成的样子生长；看作材，是将学生朝着教师期望的用途方向栽培。另外，树也是各种各样的，既有参天大树，也有低矮灌木；既有挺拔如橡树的，也有娇艳如木棉的。个别化教育，不能把灌木往乔木方向培育，也不能指望木棉像橡树一样粗壮。必须允许各种各样的树生长在同一片林子里，让各种各样的树各得其所。”

一、进行个别化教学，新教师会遇见哪些问题

十一学校多位有多年教学经验的优秀教师和在个别化教学模式上有独特见解的年轻教师，认为新教师最容易出现以下四大问题。

（一）为追求分数而忽视个别化，“全班齐步走”现象依然存在

在走班制模式下，教学班内学生智力水平、学习方法、学习态度等方面依然存在各种各样的差异，这是新教师必须正视的实际情况。有些新教师在课堂上为了追求高分，忽视个别化，“全班齐步走”现象依然存在。真正的学习一定是在每一个个体的思维、行为过程中形成的。同一个目标、同一种途径、同一层难度的教学造成有些学生“吃不了”，而另一些学生“不够吃”的问题。有些教师过多地强调勤学苦练，较少针对学生的差异来改进教学设计以提高教学效率，不注重学生的发展潜力。这样一来，教师疲于知识传授，学生苦于知识记忆。长期下来，教师就会逐渐习惯压抑学生个性的“高分”教育，学生也会逐渐习惯为分数而强记硬背、重复学习，其思考创造能力就

会日渐磨损，学习的主体意识和兴趣就会大受影响。

（二）在不自觉中出现“满堂灌”现象

教学观念的转变不是一蹴而就的，客观上需要一个较长的过程。在某种程度上而言，新教师在教学上不是一张白纸，在职业生涯初期或多或少会将自身的学习经历带入课堂，不自觉地加以模仿。即使表面看上去是“新瓶”，而内核可能仍然是“旧酒”，出现“新瓶装旧酒”的现象。随着知识内容的增加，新教师可能会在不自觉中占据教学的中心地位，并进行填鸭式的单方面讲授。教师围绕知识点，向学生讲解自己理解的知识，希望学生能够“掌握”知识。这种教学依然是“传输—接受”的传统教学方式，省略了与学生的互动，压缩了学生的课堂空间，忽视了学生的个性差异。

（三）形式高于内容，为个别化而个别化

本末倒置是目前个别化教学落地过程中遇到的大问题。非常遗憾，有些教师的课堂现在走在了一条为了个别化而个别化的“歪路”上，教师把课堂完完全全“丢”给了学生“小组合作讨论”，而自己却置身事外，在下课前点评两句即告结束。课堂上的学生小组活动、讨论、汇报看似热热闹闹，实际上学生学到手的东西很少。个别化不是让教师在课堂上完全撒手，流于形式，而是要教师转为主持与引领者的角色，教师依然是课堂的主要参与者，而不是旁观者。

（四）教师不能针对每一个学生的实际情况“对症下药”

虽然小班化教学越来越成为主流，但不少教师承担着多个班的教学任务，学生总数并没有减少，因此，教学针对性不准的现象依然时有发生。这实际上是由教师个别化教育经验不足造成的。

二、如何解决这些问题

多位经验丰富的教师都认为，要真正让“个别化”落地，植根于课堂，既需要转变教育观念，又需要在教学内容、组织形式、评价方式和技巧等不同方面进行创新。

（一）要树立个别化教学观念

个别化教学不仅仅是课堂教育策略，更是教育思想的发展方向。新教师在实践个别化教学过程中，不能把其当作具体的教育经验来应用，而要当作教育活动的指导思想去掌握，将其上升为一种教育观念、一种职业信念。新教师要树立个别化教学观念，既需要努力学习相关知识，又需要在自己的课堂中不断坚持实践与总结。美国学者黛安·弗谷森在《个性化学习设计指南》中总结，在日常教学生活中，教师应如何对教学进行设计以实现学生学习个别化的各种方法，新教师可根据自身情况和教学班级的实际进行借鉴，在实践中反复强化自身个别化观念，并最终形成自身的教育观念。

需要强调的是，新教师一定要做好长期奋战的准备，“毕其功于一役”的思想不可取。最初遇到困难与问题在所难免，新教师切记不要畏缩不前。万事开头难，只要坚持，终会有回报。一旦畏惧失败，不敢实践或是绕路前行，很有可能就会走上“全班齐步走”的老路，导致教师生涯的严重挫折。

（二）在教学组织形式上可以进行班内分层

课堂教学既需要促进全体学生良好发展，又需要适应每一个学生个体，做到因材施教。因此，将发展水平和学习基础相近的某些学生归为一类或一层，将全班学生区分为若干层次，在课堂教学中开展既面向全班又面向小组、既有统一活动又有区别对待的分层教学，是一种较为适当的教学策略。

班内分层是十一学校课程改革“理科分层，文科分类”思想在教学班内的具体应用，即在教学班内根据学生的实际差异，划分出不同的梯次，教师分别给予学生适宜难度与强度的教学要求。分层教学的思想需要新教师注意三重含义。第一，教师的教要适应学生的学。学生是有差异的，教也要有差异。第二，教学要促进学生的发展。无论是学习困难的学生还是优等生，都有很大发展空间，要在教学中形成有利于各层次学生在原有基础上不断进步发展的机制。第三，要取得良好教学效果，需要充分利用各种教育资源，学生间的差异就是一种可供开发的教育资源。在教学过程中，教师要努力使各层次学生各展所长、相互弥补、相互帮助、合作学习。

进行班内分层，不是简单地对学生进行分层处理，教学目标、学习任务以及评价方式也应分层。一般情况下，可以按照学生的学习能力将班级划分为三个层次。A 层为通过自主学习就可以完成任务的学生。课堂上，他们主要完成教师布置的拓展性任务。C 层为学习能力暂时较为落后，需要教师手把手帮助的学生。课堂上，他们主要跟随教师的进度。B 层是介于 A 层和 C 层之间的学生。可以考虑让他们通过小组合作的方式解决课堂上教师布置的主要任务。

[案例 4-1：王鲁豫老师的班内分层]

英语学科的王鲁豫老师较早就尝试推进班内分层，成效颇为明显。时下，初中学生英语水平参差不齐的现象比较明显。不少学生听说读写能力已达到高中水平，有些学生的词汇量甚至达到了大学四级、六级水平。与此同时，有些学生在小学是按部就班学习英语的，有些学生甚至连音标、字母书写等基本知识都不扎实。

面对这种情况，进行班内分层非常必要。以英语阅读课为例，王鲁豫老师将教室分为三个区域。第一个区域叫“DIY”区，即自学区。第二个区域是“Follow me”区。这个区域里的学生需要接受教师的点拨。“Group work”区是喜欢小组合作和讨论的同学所在的区域。三个区域使用三种不同的学习方式，学生自由选择，并且使用 iPad 辅助教学。

开始上课的前 3 分钟，王老师首先激活学习的话题。在接下来的 18 分钟里，王老师先到“Follow me”区，帮助学生突破阅读的障碍。其他区域的学生，则在 iPad 的帮助下进行阅读，偶尔与同伴交流，有时候也会听教师的讲解。“Group work”区的孩子通常是一边阅读一边讨论，有争议时先拿 iPad 印证，如不能解决则记下来等待“救援”。接下来的 10 分钟，“Follow me”区的学生进入自主阅读，有的时候会借助 iPad；“Group work”区继续阅读、继续讨论，偶尔会关注一下老师在干什么。这时，王老师会待在“DIY”区。学生们会就刚才在阅读中遇到的问题进行发问，老师进行解答；没有问题的时候，老师会检查一下学生对文段或者句意是否真正理解了、是不是有盲点、有没有达到能运用的程度。

接下来的 10 分钟，“Follow me”区的学生依然借助 iPad 进行阅读，偶尔会求助；“DIY”区的学生自主阅读，教师则待在“Group work”区，为学生解决有争议的问题。最后几分钟，王老师会进行课堂总结，或是分享三个区的学习成果。

（三）教学内容再设计

班内分层是课堂形式的创新，但这种形式的变革却要求必须实现教学内容的个别化。所以，个别化教学的内核是教学内容的再设计——在形式变革中突出学科内涵。新教师在整合教学内容时需要注意课堂任务，课堂任务需要形成梯度，在分析学情的基础上为学生量身定制难度不同的任务，分配给不同层次的学生学习使用，真正实现个别化教学。语文学科的来凤华老师说："教学个别化的重点在于通过挖掘教学内容，创造性地解读教学内容，提炼出富含意义和开拓空间的核心问题，为孩子提供广阔的思维和表达空间，激发孩子的兴趣，促使孩子按照自己的兴趣和思维习惯进行富有见地的、拥有自己独特个性的理解。教学内容的深度研究与学情相结合，由此带来的融合才是我们教学真正的逻辑起点。"

[案例 4-2：丁玲老师的班内分层]

数学学科的丁玲老师将班内学生动态划分为三层，分别为援助层、合作层和自主层。每次上课时，学生根据课前布置的任务单自主选择适合自己的学习层次分层学习。在课堂上，开始 15 分钟学生讨论、总结学习成果；丁老师观察每个学生参与的情况和暴露出的问题，及时点拨。中间的 15 分钟学生分享讨论结果，评价或质疑其他组的讲解；丁老师适当进行答疑、启发。最后 15 分钟学生进行课堂诊断反馈；丁老师分析数据，了解学生掌握的情况并及时调整教学方案。

这样上课，援助层的学生自主学习的意识和能力逐步增强；合作层的学生则通过小组讨论的方式探究更加深入的方法，并激发创造性；自主层的学生，研究问题比较从容，除了探讨题目解法外，还考虑可能会有的质疑和应对策略。如此，每个学生都以最适合自己的方式进行学习。

从课堂诊断的情况来看，这样的课堂是非常有效的。

学科、年级不同，教学内容的再设计也不一样，但核心精神都是一样的，就是要按照不同的学情，深入挖掘学科内涵，设置出不同的阶梯，让每一个学生都有自己的跑道。

[案例 4-3：屈楠老师的大单元教学]

数学学科的屈楠老师采用大单元教学，把整个单元内容处理成众多比较小的问题。例如，“因式分解”这块内容，屈老师将模块内容分为40个“例题汤圆”——学生可以敞开“吃”。如果学生能力比较强，就可以一节课“吃”很多；如果能力不强或是没有预习，这节课可能就“吃”得少。教师只要把“汤圆”捏好，学生在量的选择上就会有差别。这样一来，课堂的容量就有了弹性，不同的学生进度就会不一样，课前已经“武装到牙齿”的学生就可以一口一个先“吃饱”，而“毫无准备”的学生则可以慢慢“吃”。

随着课程难度的增加，屈老师还将同一问题分解为难易两层，以满足不同学生的需求。每个例题屈老师都会给出两个小问题。第一个小问题是比较简单的问题，是课程的基本要求，需要所有学生都掌握。第二个小问题比较难，是拔高的要求，不要求所有学生都掌握，但能力强的学生在一定时间内能掌握。

总之，教学内容有区分，对学习内容有不同处理，使课堂变得有弹性，真正实现了为每一个学生的学习而设计。

（四）个别化评价助力个别化教学

有效的个别化教学离不开个别化评价，新教师要重视对学生的评价，发挥评价的诊断和激励作用。目前，十一学校对学生课堂学习的评价模式是对两种评价进行加权计算：一种是平时课堂的过程性评价，另外一种是学段末诊断性试卷评价。

1. 过程性评价

过程性评价的内容应该是多元化的，既应有知识与技能的评价，也应有对过程与方法，情感、态度与价值观的评价。在具体操作上，应该是鼓励性评价和引导性评价相融合，以达到促进个性化发展的目的。新教师在做过程性评价时，应做到因事评价，即评价至少要包含两个信息：一是指明此次评价的内容，二是记录在此次课堂或活动中该生的表现。这样不仅有利于新教师反思教学设计，在课堂中发现问题，更有利于学生知道自己的具体表现如何，到底是哪个点做得好、哪个点做得不好。这样，学生就能够了解自己的学习弱项、自己的比较优势究竟在哪里，以及自己的学习风格。这些都应该是具体的，而非抽象的。因为只有通过具体的反馈和评价，才能发现真正的问题，并找到解决之道。最关键的是，要让学生能够自己去发现并解决问题。另外，如果只是单纯记录分数，学生和老师知道的就只是分数的高低，而不知道具体的问题了。因此，新教师务必具体记录学生的问题和优点，并针对学生存在的问题提出改进建议。

[案例 4-4：石绍湘老师的“具体”]

英语学科的石绍湘老师认为，做过程性评价需要重视技巧。例如，在谈一个学生的英语学习时，“单词量不够”“不喜欢记单词”“不会用单词”之类的话，都不具体，无益于解决问题。“不喜欢记单词”，到底是学习单词的方法不对，还是本身就对英语不感兴趣，还是对某些类别的单词不喜欢，抑或是没有掌握英语词汇的派生规律等。“不会用单词”，究竟是名词不会用，还是时态出了问题，还是拼写错误，抑或是单词的搭配不会。

2. 学段末诊断性试卷评价

诊断性试卷是每个学段最后的测试，主要诊断学生在本学段学习过程中学科核心素养的养成情况。在日常教学过程中，教师常常凭着主观印象来判断、评价学生的学科学习情况，说这名学生学科素养很高，那名学生学科能力一般。“素养很高”具体高在哪里，“能力一般”具体表现在何处，这是不清楚的，也不是过程性评价能够给出的，甚至考试得低分的题目都不一定是这个学生的薄弱点。这样的“伪个别化”交流，不仅耗时、耗力，而且效果很差，甚至会出现“脱靶”现象。更应该引起警惕的是，长此以往，学生往往会对自己的学科学习失去信心，会对教师的教学判断产生怀疑。在这种情况下，就需要诊断性试卷出场了。

在立意、内容、形式等各个方面与常见的中考、高考这种选拔性试卷完全不同，诊断性试卷更多倾向于诊断学生在学习中存在的真实问题，同时也诊断教师课堂教学的有效度。诊断性试卷的重点不在最终分数是高还是低，而是通过题目来诊断并分析学生的问题：学生的问题是什么？是什么原因造成了这种问题？如何解决这种问题？如何避免这种问题？通过诊断和分析，学生会对自己的学习过程有相应的判断，教师会诊断出每名学生的学习优势和不足，真正做到个别化教学。

个别化教学是进行真正一对一的交流，没有固定不变的模式可套用，最重要的就是教师进入角色，摆正姿态，发现学生个体的不同，利用各种契机，进行有意义的交流。新教师应尊重学生，接受学生现有的认知水平，以现有水平为基础展开个别化教学。学生的天性不能被漠视；同时，教师不能用统一的教条压制学生鲜明的个性。新教师只有从内心深处尊重学生的个性，才能走上个别化教学的正途。

这些小妙招，值得我们初职教师牢记。

进行个别化教学的小妙招

- 树立个别化教育观念。
- 班内分层。
- 教学内容再设计。
- 重视过程性评价。
- 重视诊断性试题评价。

5. 不会引导学生自主学习，怎么办？

吕俊鸟

卡尔·罗杰斯在《自由学习》中提到，真正的教师要做的是让学生自由学习，但在实际教学活动中，教师往往容易对学生的学习干预过多，这影响了学生学习的自主性。所以，把学习的权利还给学生，真正让学生成为自己学习的管理者，学生的学习能力才能得到最大限度的挖掘和提升。

一、自主学习的主要环节

作为一名新教师，你可能连基本的课堂管理都做不好，又如何引导学生进行有效的自主学习呢？这个问题显然没有标准答案，因为在十一学校的课堂上，每个老师都有自己独特的方法，但自主学习活动基本包括以下几个环节。

（一）自学、自研，建立学习基础

自主学习大多从学生自主研习教材开始，在此基础上，学生进行小组合作式学习，在研讨中发现问题、解决问题，建立自己的学习基础。

但一开始就让学生投入教材的阅读中，是有一定困难的，因为学生在某一学科学习的初期阶段可能还没有建立起此学科的逻辑和系统，某些知识庞杂的学科更是如此。因此，面对阅读任务，学生容易感到茫然。所以，在布置阅读任务前，教师首先需要给学生搭建一章甚至一节的知识框架，以帮助学生形成整体认识。

理清知识框架后，教师就可以给学生布置自主阅读任务了，阅读放在课上课下进行均可，关键是让学生养成阅读的习惯，掌握阅读的方法。对阅读方法，一开始学生一定也是迷茫的，教师需要逐步教会学生如何阅读。但是，我们并不建议教师专门拿出一节课给学生讲阅读方法，因为这个问题只有在学生的阅读实践中才能解决。因此，我们建议教师在学生进行教材阅读的过程中，注意观察，及时发现学生存在的问题并予以纠正，这样，学生的阅读习惯自然就会慢慢养成，阅读方法自然也会慢慢掌握。

[案例 5-1：王爱丽老师组织学生自学自研的经验]

生物学科的王爱丽老师一直致力于研究如何引导学生进行有效的自主学习，她认为，要做好这件事，首先要想清楚教师的角色是什么。表面上看，阅读教材是学生自己的学习活动，教师在课堂上是相对静止的，其实教师也是事件的重要执行者。在学生阅读教材的时候，教师是没有时间去做私人的事情的。你的大脑和眼睛需要不停地工作，你需要适时监测你的课堂，观察学生会提出什么样的问题，思考哪些是共性的问题，本节课的重难点在哪儿，学生是否都在阅读状态——如果学生走神了、懈怠了，你应该采取什么样的措施迅速将学生拉回课堂，学生本节课的阅读效率如何，有哪些阅读习惯是需要纠正的。总之，教师是作为课堂的管理者而存在的。所以，在组织学生进行自主阅读时，王爱丽老师会密切关注学生的阅读状态：学生是否进行了全面阅读，有没有重点批注和归纳、总结，教材中拓展、延伸的部分是否注意到了，有没有进行深度思考。

事实上，一开始学生在阅读时的确会存在很多问题，但经过一个学期的引导和训练，王老师班上的学生基本都掌握了自主阅读教材的方法，并且喜欢上了这种学习方式。

（二）课堂前测，督促学生落实任务

在学生完成自学、自研任务后，教师通常会在下次课上先留出几分钟对学生进行前测。前测的题目可以是教材中的练习题，也可以是教师自己设计的题目，总之，围绕核心知识点进行考查，检测学生是否落实了阅读任务、阅读的效果如何、哪些问题需要教师讲解、共性的问题是什么、个别化的问题有哪些。前测既可以督促学生认真阅读，也可以帮助教师掌握学生的学习情况，进而有针对性地设计教学任务和个性化的学生活动。

[案例 5-2：我的课堂小测]

我（指吕俊鸟老师，下同）教的是生物学科，在每次精讲课开始前，我基本上都会设计一个 5 分钟的课堂小测，通常是从《生物规划书》中选取最基础的题目以考查学生对焦点问题的理解。例如，在学习“细胞的物质基础”内容时，我的小测题目只有 4 个问题：为什么说脂肪是良好的储能物质？为什么蛋白质是生命活动的承担者？为什么核酸是遗传信息的携带者？什么是生物大分子？在学生解答的过程中，我就可以通过学生的解答状态判断出他们在哪个问题上理解有困难、哪些知识模块需要在课上精讲。这种做法提高了课堂效率。

（三）知识精解，搞定重点、难点

精讲课的核心问题就是“讲什么”。学生已经进行了自学、自研，教师应该通过学生的阅读情况和前测结果明确学生学习的重点、难点，讲学生仅靠自学没有完全解决的问题，讲科学思想和方法，讲知识结构、体系。

（四）运用评价，结束知识单元

自主学习的教学模式提倡的是“单元教学”，即以“知识单元”作为一个完整的“教学单元”。在学生自主学习的过程中，教师只讲解核心内容，学习内容看起来是由一个点、一个点构成的，所以学生必须自己对这些看似琐碎的知识点进行系统总结、归纳、梳理，找到它们之间的逻辑关系。知识网络的构建可以借助笔记总结、建立知识概念图完成，也可以根据知识内容的特点，进行多元化的知识梳理，最后形成学生作品。对学生完成的作品进行公开展示，这样既能深化学生的自主学习，也能给学生以极大的鼓舞。图 5–1 就是王春易老师班上学生的作品。

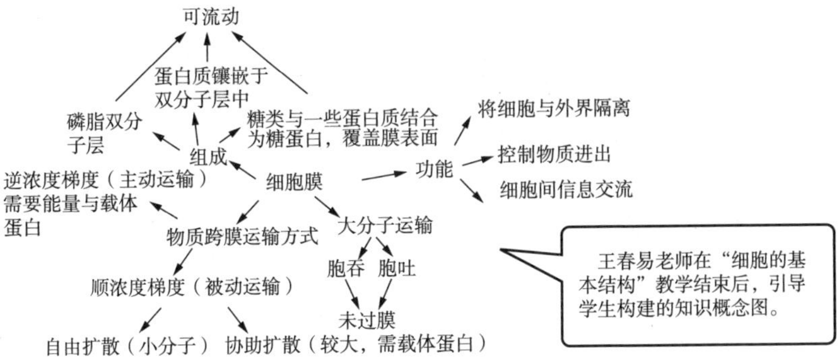

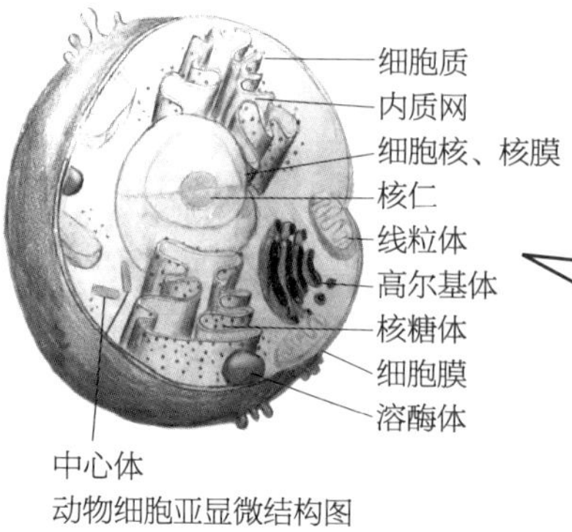

王春易老师的学生在学习“细胞的基本结构”时，运用画图加标注的方式整理笔记。

图 5-1 学生对知识进行梳理

二、如何有效开展自主学习

了解了自主学习的主要环节后，如何才能让每一步都落实到位，确保学生取得良好学习效果呢？

（一）营造浓厚的学习氛围

我们希望学生进行自主学习，但学生就是不愿意，怎么办？所以，开展自主学习面临的首要问题，就是如何调动学生学习的内动力。

在学习的过程中，教师要想方设法激发学生的学习兴趣，提供好的学习平台和学习氛围。在十一学校里，老师都有自己的学科功能教室，因此，通过精心设计、布置，我们就可以让学科教室成为学生流连忘返的学习园地。

[案例 5-3：王爱丽老师花大量心思构建学科功能教室]

王爱丽老师所在的高中楼 317 教室是十一学校教学改革示范教室。在构建自己的生物学科功能教室的时候，王老师花费了大量心思。她的教室被她用各种植物点缀得绿意盎然，实验边台上是学生们饲养的各种小动物，其中两只蜥蜴和一条小蛇格外引人注目。王老师说她很怕爬虫类，但因为学生喜欢，并且可以在饲养的过程中学到很多课本上没有的生物知识，所以她就克服自己的恐惧答应学生在此饲养。在 317 教室的外墙上，整齐地张贴着各种科技前沿的资料，总有过往的学生驻足阅读。学生的课桌下面压着与最近学习内容相关的小材料，教室后面的白板上展示着学生的各种学习作品。在这样浓厚的学科氛围中，学生学会了用温和、负责的态度对待学科教室里的资源。在这里，教师的专业能力得到了提升，学生的学习能力得到了提高。

（二）帮助学生掌握阅读的方法

自主阅读教材是自主学习的重要环节，但学生一开始面对书本时，经常会陷入茫然的状态。对学生进行的问卷调查显示，几乎一半的学生在阅读教材时存在效率低下的问题。那么学生的问题究竟在哪里呢？总结起来有以下几个方面。

①习惯做题，不愿读书，故无法深入体会编者意图。

②依赖教材，只顾搜寻答案，故不能很好地领悟学科思想。

③囫囵吞枣，不求甚解，故无法形成整体的知识体系。

④ 机械记忆，死记硬背，故获取有效信息的能力不足。

由此可知，学生的阅读效率低下，原因在于学生不知道读什么、怎么读。所以，只有采用正确、有效的阅读方法，进行深度阅读，才能从根本上解决学生存在的问题。作为教师，我们应该如何有效地引导学生阅读呢？

阅读大体可以分为文本阅读、图表阅读、实验阅读等。我们重点讨论文本阅读和图表阅读。

1. 文本阅读

①隐含内容，引导阅读。

②图解内容，对应阅读。

③同类知识，归类阅读。

④易混内容，对比阅读。

⑤重点内容，反复阅读。

⑥做好详读和略读。

⑦能绘图表示的尽量绘图。

⑧做好各类标记。

⑨阅读与提问有机结合。

⑩不仅关注结论，更关注过程。

高度概括，需要深入挖掘或者无文字说明。意思隐含在图中的内容，称为隐含内容。对隐含内容教师需要设计问题串，引导学生理解。

［案例 5-4：王春易老师通过设计问题串帮助学生理解隐含内容］

生物学科的王春易老师在进行“免疫系统疾病及免疫学应用”教学时，很多学生不理解“为什么艾滋病病人常死于其他感染或恶性肿瘤”。她通过层层递进的问题串设计引导学生理解艾滋病病人的死因。

艾滋病病人常死于其他感染或恶性肿瘤

①引发艾滋病的病因是什么？

②艾滋病病毒有什么特点？寄主是谁？

③寄主细胞被感染的后果是什么？

④寄主细胞被破坏与引发肿瘤的关系怎样？

出现在不同章节或模块里，或者在形式上类同、知识上有关联的内容，我们称为“同类知识”。我们可以将它们总结在一起，进行归类阅读，以提高学生的总结、概括能力。例如，在复习蛋白质的有关内容时，我们可以将必修 1 中的“组成元素”“基本单位”“结构与特点”“生理功能”，必修 2 中的“合成过程”“与性状的关系”，以及选修 3 中的“蛋白质工程”总结在一起，以帮助学生建立知识间的联系。

2. 图表阅读

图表阅读是学生学习中的一道坎。PISA 测试表明，中国学生“非连续性文本”阅读能力明显偏弱。图表阅读的过程其实是一个建立思维模型的过程。我们可以采用结合文字、图图比较的方法帮助学生提高对知识的敏感性，提高学生的表达力，让他们自我反思和优化，从而构建知识图谱。（见图 5–2）

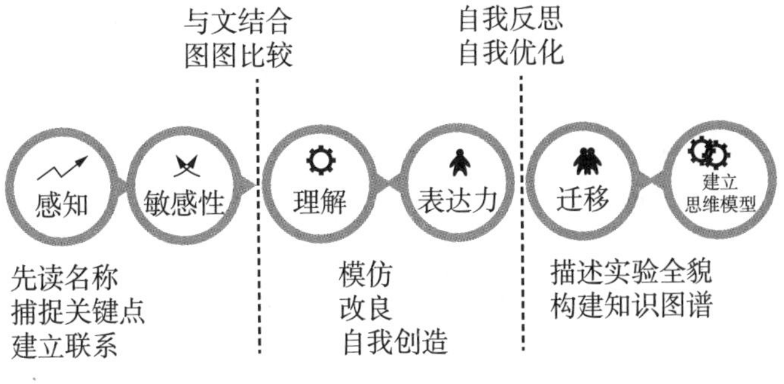

图 5－2　图表阅读的方法

（三）提倡小组合作交流

通过深度阅读，学生通常可以掌握基础的知识内容，但要达到深入理解和应用，往往需要教师指导和同伴互助。这时，小组讨论将是一种重要的学习方式。在问题讨论环节，应该侧重训练学生思维的全面、敏锐和深刻，问题讨论应该是自学、自研的深度拓展，教材上的重点、难点，阅读中的困惑、疑点都可以在这一环节得到解决。刚开始时教师不要急于求成，而要循序渐进，逐步培养学生提出问题、解决问题的能力。教师可以特意安排一节问题讨论课。课上，教师需要想方设法调动学生讨论的积极性，努力做到全员参与，以逐步形成全体学生探究、求索的风气。

（四）自主学习从课上延续到课下

北京十一学校原校长李金初说过，“课外阅读应该成为每个中学生的必修课”，苏霍姆林斯基也强调阅读的重要性。知识越复杂，学习过程的智力背景就应当越广阔。只有这样，人们才能真正领悟知识。学生要牢固地记住公式、规则、概念等，就必须阅读和思考许多并不需要记住的材料，作为智力背景。因此，我们提倡每个学生都应该根据自己的情况，合理规划自己的可支配时间，保证课外阅读，将自主学习从课上延伸到课下。

学生可以在做课后练习题的过程中，主动进行后面相关章节的阅读，以解决题目中的疑惑，也可以通过实验探究、综合活动等在课下进行自主学习。学生可以通过实验设计探究原理背后的原因，用亲眼所见去验证书本上的结论，以达到理解、巩固和深化知识的目的。学科活动可以给学生提供一个展示自我的舞台，能让学生充分体验学科乐趣，了解理论知识在实际生活中的应用，促进学生知识，能力，情感、态度、价值观的协调发展。通过学科活动，学生感受到的教育是鲜活的、深刻的、久远的。

总之，每个学生的基础不同，教师需要根据学生的差异制定个性化的指导方案，给每个学生搭建适合他的平台，以实现学生效益的最大化。

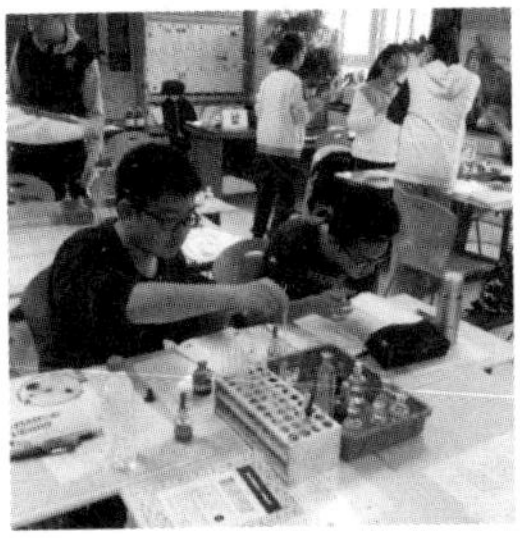

图 5-3 学生用实验解决自己读书过程中产生的疑问

图 5-4 学生利用微生物发酵的知识尝试自制酸奶

以上就是我们为大家提供的关于新教师进行自主学习课堂教学的一些建议，总结如下。

如何引导学生进行自主学习?

➢ 自主学习的主要环节

- 自学、自研，建立学习基础。
- 课堂前测，督促学生落实任务。
- 知识精讲，搞定重点、难点。
- 运用评价，结束单元教学。

➢ 如何有效地开展自主学习

- 营造浓厚的学习氛围。
- 帮助学生掌握阅读的方法。
- 提倡小组合作交流。
- 自主学习从课上延伸到课下。

6. 课堂效率不高，怎么办？

庞欢

初职教师经常会听到前辈老师们说，对老师而言，最重要的就是站稳课堂。而站稳课堂首先需要考虑的就是如何提高课堂效率。对学生而言，一节课 45 分钟非常宝贵。以十一学校高一英语课为例，如果学生没有选修英语自选课程，那该生一周就只上三节英语课，课时非常有限，而要学习的内容却很丰富，除了海淀区统一学习的课本外，还有校本教材。作为老师，我们当然需要思考，如何在一节 45 分钟的课堂上让学生有最大收获。毕竟我们都希望学生能在单位时间里学习更多知识，把剩下的时间还给学生自己。

一、如何定义高效课堂？

要想提高课堂效率，首先需要思考的一个问题是怎样的一节课才算得上高效。还有，初职教师听课时，可以从哪些角度判断这节课是否效率高呢？老师激情洋溢地把准备的内容都讲完了是否算高效？课堂很热闹，每个学生都很开心，这是不是高效课堂的标志？判断一节课是否高效，初职教师可以从以下几个方面思考。

（一）学生参与度高

一节课上，老师讲得神采飞扬、激情洋溢，这说明老师所讲授的知识吸引了他自己。但只有老师自己的激情还不能把这节课定义为高效课堂。王延楠老师说，课好不好要观察大多数学生的反应，老师讲得好不等于学生学得好。如果老师讲课很精彩，学生被吸引了，老师讲述的内容也被吸收了，这是效率高；反之，如果老师沉浸在自己的世界里，而学生游离于老师所讲述的内容之外，这节课就不能算是高效的。判断学生是否被吸引可以从两个方面入手。

1. 学生的神情

如果学生一直盯着老师看，一般都表示在认真听。认真听课学生的表情常常是有变化的。老师讲到难点的时候，学生可能紧锁眉头，一旦说到学生的心坎儿上或者让学生产生了共鸣，那么他可能就舒展眉头、微笑、点头等。如果学生从头到尾都是一个表情，也从不看老师，虽然他并没有做与学习无关的事儿，但他的心思很有可能已经不在课堂上了。

2. 学生的行为

学生的行为往往比神情更容易观察。学生望向窗外发呆、翻弄文具、找同桌讲话、拿笔戳周围的同学等行为，都表示学生的注意力已分散，有课堂内容以外的事物吸引了他。

因此，老师在上课时不仅要做知识的讲授者，更应该成为学生神情和行为的观察者，一旦观察到学生已分心，就要及时做出调整，以提高学生的听课效率。

（二）针对学生的学习

语文学科的史建筑老师说，课堂效率应该以学生所学来衡量，一节课真正的课容量应是学生收获的内容而非老师教授的内容。史老师提出要“把学习的权利还给学生”。史老师的话乍听起来让人费解，难道老师什么时候夺走了学生学习的权利？史老师对此做出了生动的解释：从知识的起点到终点有一段距离，需要学生自己走，需要学生在其中体验、参与、犯错，继而到达终点。这个过程不能省，老师不能直接“无私地”告诉学生终点的风景，在从此岸到彼岸的过程中，老师只是一个摆渡人或者指引者。

英语学科的侯敏华老师说，“要把学生放在思考和学习的过程中”，这和史老师的观点有异曲同工之妙。侯老师以学生查字典的能力为例解释了她的观点。学生学习英语词汇时，常常需要知道这个单词应该怎么读、有几种词性、常用固定搭配是什么、在什么样的语境中运用等。这样的问题其实通过查字典都能解决。但为了提高所谓的课堂效率，在备课的过程中，一些初职教师可能会特别认真地查字典，把单词的用法整理出来做成课件，在课堂上细致地给学生讲解。这样在一节课中，老师可以讲很多词汇，课的容量似乎大大增加了。可是在考试中，老师们却常常发现，这个词的用法都讲过好多遍了，可学生还是不会，讲了不如不讲。在老师们的抱怨中，有一句话是对的：“讲了不如不讲。”查字典的能力是英语学习中最基础也最重要的能力之一，但我们发现很多时候都是老师自己在查字典，学生却很少查，因为老师会讲。所以，老师自认为很认真地查字典备课，实则是剥夺了学生自己查字典的权利。把查字典的权利还给学生，学生在查字典的过程中自己就会去学习怎么按照音标发音、从众多词性和搭配中挑选符合语境的用法。这是一个体验和学习的过程。这样学比老师直接告诉他印象深刻，这个过程不能省。老师需要教给学生的不是这个词的用法，而是怎么去查这个词的用法，要教方法而不是教具体内容。此原则在理科教学中同样适用。老师不直接告诉学生某个公式，而是引导学生自己推理出来，如此对该公式背后的知识结构和定理，学生就会理解得更加深刻。

（三）针对学科核心素养

史建筑老师说，老师都应该非常清楚本学科的学科特质，知道本学科的“己任”，也就是本学科的核心素养。史老师以语文课为例解释了其重要性。就语文学科来说，语言的建构与运用是重要素养。当老师带着学生学一篇文言文时，如果忽视了语言的建构和运用，将重心放在文章中的历史故事上，并且从历史学科的角度去分析语篇，这可能就把语文课上成了历史课，这种做法就是忘掉了语文学科的“己任”。又比如，有些语文课最后被上成了主题班会，学生都积极参与，这样的语文课可能确实对学生有教育作用，但这却不是语文学科的“己任”，这节课的效率可能就是一种不符合学科特质的“假效率”。

物理学科的田俊老师从长期、短期效率的角度阐述了他对课堂效率的理解。初职教师通常会面对一个困境，就是内容多，课时不够，讲不完。初职教师通常的做法就是赶进度，一节课解决很多问题，生怕漏掉某个知识点。这种做法看似效率高，却是一种追求短期效率的做法，并且常常导致学生消化不了。对此，田老师建议初职教师，要把握住本学科最核心的内容，即核心素养，要“站得高”地看问题，不计较一城一池的得失。不要过于关注当前教学的速度，而要引导学生把握住学科本质问题，不用过分忧虑漏掉了这个或那个细节。一旦学生把学科最本质的内容掌握了，老师就会发现学生的后劲很足，解决难题也就会水到渠成。

二、如何实现高效课堂?

对高效课堂有了认识后，在操作层面，我们对初职教师有以下建议。

（一）利用好外围因素

要想提高课堂效率，最重要的是抓好课堂内容，但对初职教师来说，从课堂内容以外的因素开始抓起，不失为一个提高课堂效率的良好切入口。那这些因素包括哪些呢?

1. 老师的精神面貌

一个开朗、乐观的老师对学生或多或少会有感染作用。教育的对象是人，是有丰富感情的学生，一个积极向上的老师和一个闷闷不乐的老师，学生当然愿意听前者的课。所以，走进课堂时，老师应该拿出最饱满的热情，多对学生微笑，把不愉快抛在一边，老师快乐，学生才更有可能快乐。学生心情好，学习才更有效率。

2. 教室的布置

十一学校的学科教室各有特点，语文教室墙上张贴的学生书法作品，数学教室白板上的经典习题，英语教室窗户上的圣诞贴纸，物理、化学教室的实验器材，生物教室的动植物，地理教室的地球仪等，无形中给学生创造了这门学科的学习氛围。此外，桌椅的摆放方式也会影响课堂效率。比如，在一节需要分组讨论的课上，可以四张桌椅为一组；比如，在需要多人进行讨论的课堂上，可以把桌子摆成一圈；比如，在一节辩论课上，正方和反方的桌椅相对，学生评委的桌子居中；考试时桌子之间拉开距离。根据不同的课型和目的，设置不同的桌子摆放方式，当学生走进教室的那一刻，就能感受到这节课的课堂氛围。另外，在一个圆桌讨论的课堂上，我曾经给每名学生的桌上放了一张名牌，既解决了面对新学生叫不出名字的尴尬，又让学生每一次发言时都有一种仪式感。有学生课下告诉我，觉得自己课桌上放着名牌发言，有一种在联合国代表中国发言的神圣感。

3. 规则的设定

很多初职教师都很年轻，和学生的年龄差距不大，因此常觉得在课堂上没有威严，多有学生调皮捣蛋，扰乱课堂。课堂纪律没保证，课堂效率也就很难保证。刘伟老师建议，在学期开始时，初职教师不妨多花些时间和学生制定好规则并且坚持执行。比如，在第一节课时，在老师的引导下，让学生分组讨论，每小组制定出两条课堂规则，老师可以补充，再在全班进行投票，形成师生达成共识的“班级宪法”，贴在教室墙上，日后一旦有学生违反规则，则“严格执法”。如此，学生就会逐渐形成规则意识。制定规则可能会耽误一些课堂时间，但长远来说，学生能形成良好的习惯，有利于保证课堂纪律。

（二）理清教学内容

初职教师常有一个烦恼，就是不知道哪些内容该教、哪些不该教，应该教到什么程度、什么才是重点等。对初职教师而言，要对教学内容做到胸中有丘壑，可以从以下两点出发。

1. 理清本学科的知识体系

侯敏华老师在给新老师培训时说，对每个学科的初职教师而言，关注纵向的能力体系和知识结构都非常重要。这有利于初职教师跳出正在教的模块和单元，弄清楚本节课和前后学习内容之间的联系，不至于一叶障目。

侯老师建议，初职教师拿到整套教材后，先看一看目录，多翻一翻课本，整理出课程的框架。这个框架就是这门学科知识的链条，或者说是一串珍珠项链，每节课就是其中的一颗珍珠。如此，对每节课应该落在哪一颗珍珠上，落实到什么程度，初职教师就会有更加清晰的认识。这个知识、能力体系是每个学科都有的。物理学科的王延楠老师说，初职教师想知道该教什么、不该教什么、什么才是重点，做一下近十年的北京高考题就会有大致的感觉。

2. 定位好每节课的学习目标

目标是一节课的方向盘，目标清晰了，整节课就不会走偏。注意，是"学习目标"而非"教学目标"。这两种表述所指向的主体不同，学习目标的主体是学生，教学目标的主体是老师。老师站在学生的角度思考目标时，这个目标才可能更适合学生。每节课学习目标的设定应该是整个学科知识体系中的一环，应该是直指学科素养的。怎样确立学习目标，除了要理清学科知识体系外，还应该了解学生。

（三）全方位了解学生

如果一节课的学习目标直指学科素养，那这个目标就一定是适切的吗？答案是否定的。适切的目标必须是适合学生的，也就是说，目标设定必须考虑学情。有人说，初职教师备课备教材，真正的教学高手备课是在备学生。这种说法不无道理。那么初职教师应该如何全方位地了解学生呢？英语学科的沙莎老师在了解学情方面有妙招。

1. 观察课堂表现

前文提到，老师上课的时候也是一名观察员，讲到某个内容时，如果大部分学生都表示疑惑，那老师讲授的知识就可能超出了学生的理解范围，或者老师讲解的方式不符合学生的认知习惯，那么老师就需要调整学习目标。如果只是极少数学生跟不上课堂节奏，那就可能是这几个学生在前面的知识体系建构中的某个环节出了问题，老师在课下就需要对这几个学生进行个别化辅导和答疑。

2. 通过作业情况了解

作业可以帮助学生巩固知识，也可以反馈学生对知识的掌握情况。对初职教师而言，学生的作业是了解学生的重要窗口。我（指庞欢老师，下同）在建立学生作业案例库方面进行了尝试。在我直升高中的英语原著阅读课上，需要重点训练学生写英文摘要的能力。每次课后，我都会仔细批改学生写的摘要，挑出优秀作业，以及存在这样或那样问题的作业，做好积累。在训练一个月后，针对学生在写摘要过程中常出现的问题，我专门挑出一篇典型的“问题摘要”，带着学生按照写摘要的原则，一步一步地把“问题摘要”改为“优秀摘要”。在总结了学生作业中存在的问题后，再对学生进行指导，教学就更具针对性了，效率也大大提高了。

3. 开展非学术交流

和学生进行本学科的学习交流、给学生答疑，可以帮助学生找出问题，是提高其学习效率的有效途径。但有的学生课堂学习效率不高可能还因为一些非学习因素，通过交流老师就可能会有所了解。比如，我发现，有一名学生之前上课很专注，但最近一段时间在课堂上却热情大减。课后我和这名学生进行交流，得知该学生最近失恋了，很难过，又不知道该怎么排解，无法专心学习。我们真诚沟通后，这名学生慢慢释然了，逐渐把精力重新转移到学习上来，课堂效率大大提高。

4. 从其他渠道获取信息

要了解学生，除了观察、和学生本人沟通外，还可以打探一些“小道消息”。这些“小道消息”的来源可能是该学生其他科目的老师，也可以是其家长或同学。比如，某个学生上课时学习效率不高，老师就可以和该生其他科目的老师沟通，问问该生在其他课堂上的表现。如果在其他课上表现好，只是在某门学科课堂上表现出效率低，那就要从这门学科上找原因。如果在各科课堂上都表现出效率低，则该学生需要重点关注。这时，可以和其家长以及同学沟通，了解情况，帮助其找出原因，及时引导。

（四）课堂要灵活多变

学生每天要上很多课，要求所有学生在每节课上都保持全神贯注，显然不现实。那如何激发起学生对本节课的兴趣，如何让学生更持久地把注意力集中在课堂上呢？在学生集中注意力的时候，老师应该重点讲什么、怎么讲呢？希望以下建议能对初职教师有所启发。

1. 灵活切换课堂形式

物理学科的王延楠老师说，物理课一般有自主做题、讨论演示、实验操作等形式。课堂组织形式不仅可以在这节课与下节课之间切换，在一节课之内也可以切换。对不同的学习目标和不同的学生群体，教师应选用不同的课堂形式。比如，对物理“学霸”而言，一整节课都自主做题是很享受的；而对物理基础薄弱的学生而言，一整节课都做题却没有老师指导是很难进行下去的，他们需要做题和老师讲解相结合。对那些学生独立思考很难解决的物理问题，王老师有时会采用分组讨论的形式，每组挑选一题，同伴讨论完后派代表给全班讲解。王老师说，学生互相讲题有时候比老师讲效果还好，虽然学生有时讲得磕磕巴巴，但磕巴之处正是难点所在，这样的磕巴也给聆听的学生提供了更多思考的时间，反而比老师“无缝链接”的讲解更有空间去思考。对有关演示、实验的知识，王老师则会带领学生做实验，让学生通过动手操作来学习物理原理。

2. 设计合适的问题

在课堂中，师生互动最基本的形式就是问问题和答问题。问什么样的问题、怎么问问题值得初职教师好好思考。初职教师听课时，常常会听到前辈老师们和他们的学生一问一答非常自然顺利，问题看似平淡无奇，但极有可能包含了备课老师反复的思量。王延楠老师说，老师问问题要问到点上，要符合学生现阶段的水平和本学科的核心素养，不能随心所欲，想问什么就问什么。问题要问得准，问得有价值，不可“偏、难、怪”。比如，一道特别难的高考题，适不适合拿来问我们的学生呢？很多时候答案是否定的。对设计有效问题的重要性，语文学科的张珊老师也深表赞同。在一节课上，能让学生多少次与教科书的语言发生新鲜的接触，这是决定教学成败的事。以鲁迅的文章《祝福》为例，张珊老师每次在学生阅读之前都会给学生一个不一样的问题，比如，祥林嫂的外貌有何特点、祥林嫂有怎样的命运波折、他人对祥林嫂有什么样的态度，在这些问题的引导下，学生每次都从不同角度关注文本的内容，每一次读教科书都是一次新鲜的接触，都有新收获。

3. 重视新课的“首映效应”

新课是指第一次把某个知识点呈现给学生，就像电影首映一样。新课的

“首映方式”有很多种，但田俊老师强调，不论采用哪种方式，初职教师在观念上一定要重视新课的作用。第一次给学生建构一个知识点，一旦老师没有把握准，出现偏差，这样的偏差就很有可能会深深烙印在学生心中，学生在后期练习中就很有可能会掉进最初的误区里，想要摆脱和调整会很费力。因此，面对新课，切忌贪快贪多，对知识把握要准。

4. 组织有竞争性的课堂活动

一有竞争，就容易有压力，相应地就可以激起学生的动力。在兰玉茹老师的化学课上，在比较离子键和共价键的相同点和不同点时，兰老师把学生分成几个小组，让他们先在小组内部讨论，尽可能多地列举共同点和不同点，再要求他们在全班说，后一个学生说的和前一个学生说的不能重复。在此要求下，先说的学生就有优势，这时学生就会抢着回答，生怕自己小组列出的几点被别的小组说了。在这种有竞争性的活动中，学生的积极性被充分调动起来。这种不重复接龙的活动在很多课堂上都可以实行，其他一些有竞争性质的常见课堂活动包括辩论等，进行之前说清规则，一般都能有效激起学生的好胜心和表现欲，进而提高课堂参与度。

5. 积累教学机智，不机械地走流程

初职教师讲课常常是准备了什么就讲什么，把准备的内容讲完了就觉得课堂效率高。但有经验的前辈们一去听课就能看出来，这节课虽然讲完了，却错过了不少教学契机。讲课不同于演讲，课堂是一种师生互动，学生并不只是被动地接受，老师传递一个信息，学生对此会产生很多不同反应。有的初职教师容易忽视学生的反应，而自顾自地讲完，殊不知，学生提出的疑惑可能正是学生有问题的地方，老师却错过了这样的教学契机。

史建筑老师、沙莎老师、兰玉茹老师对学生在课堂上生成的问题都非常

看重，他们认为，如何处理课堂上生成的问题，是提高课堂效率的关键。对此，史老师提出了“教学机智”的说法，即要机智地回应学生的反应。有时，学生生成的问题可能是学习目标之外的细枝末节，放过去的确有利于提高效率，但更多时候，学生课堂上生成的问题都是非常有价值的。如何辨别学生的问题是否有价值取决于老师对本节课的学习目标的理解。因此，无论在教学的哪一步，老师都不能忘记本节课的目标。

对学生生成的有效问题该如何回应呢？适切的回应一方面来自对教学内容的理解和长期积累的经验，另一方面则来自精心的备课。初职教师谈不上有多少经验，因此在备课时需要格外用心。一个问题抛给学生，学生可能会有哪些回应？老师在备课时可以做多种预测，并为学生可能出现的每一种反应想出应对方法。当然，很难做到把学生可能生成的所有内容都预测出来，这需要靠老师平时的经验积累。所以，备课如果只是准备 45 分钟的演讲，并不难。然而真正的课堂并不是老师一个人的演讲，这就要求老师在备课时花更多心思。

6. 适当幽默，调节气氛

学生上课注意力不集中有时很难避免，尤其是在下午的课堂上，学生经常容易犯困。兰玉茹老师说，有时，老师很像演员，表演也是帮助初职教师站稳课堂的小妙招之一。比如，当老师注意到有学生犯困时，不妨试试用夸张又略带开玩笑的语气来提醒犯困的学生：“哎呀，谁来帮 A 同学撑一下眼皮呀？”但拿学生开玩笑需要把握好度，并且要了解学生的性格特点，对比较内向和敏感的学生应多鼓励，切莫伤了学生的自尊。再如，我每次给学生布置预习单词的作业后，在下节课前 3 分钟会检测学生预习单词的情况，老师读出英文，学生能说出中文即为预习作业过关。学生对这样的任务常常觉得无聊，于是我给这个课前考单词的环节取了一个好玩的名字，叫“拔萝卜”。

我把每个坐着的学生比喻成萝卜，一旦答不出来单词的中文意思他就要站起来，表示萝卜被拔出来了，课后这些被拔出来的萝卜需要重新找老师过关单词。学生每次一听到“拔萝卜”就觉得又刺激又好玩，这么一个有趣的名字让背单词变成了一件好玩的事情，大大提高了课堂效率。

（五）课堂小测与评价相结合

1. 利用过程性评价进行激励

十一学校对学生的评价系统由过程性评价和终结性评价组成，其中过程性评价是一个很好的工具，利用得好可以帮助提高课堂效率。初二年级的数学老师邓芸就把过程性评价利用得很好。初中学生年龄小，时有迟到、没准备好学习用品，或者课上和同桌有小动作等，邓老师在开学时就跟学生制定好规则，在过程性评价中课堂表现情况占 12 分，出现迟到、不做好课前准备等行为要被扣分。学生在课堂上的发言情况也会被邓老师记录下来。答对加分，答错扣分，但答错了的学生再找机会答对问题就又可以加分。如此一来，学生就特别愿意参与到课堂中来。

2. 抓住时机，随堂小测

化学学科的兰玉茹老师说，当老师在讲解某个重要知识点之前，可以提醒学生，老师讲完后要进行小测，以检验大家对知识的掌握程度。这样做有利于督促学生集中注意力，同时也能帮助老师了解学生对本知识点的掌握情况。

3. 利用同伴的影响力，尝试同伴互评

学生除了关心老师对自己的评价外，还会关心自己在同伴心中的印象，因此，将同伴互评应用到课堂上也有利于提高课堂效率。我的原著阅读课堂

把学生分为两组，一组独立思考、完成写学案的任务，另一组则需要积极发言、参与讨论、分享观点。学案上的问题和讨论的问题基本一致，在下课前的 10 分钟时间里，学案组学生的学案交给讨论组的同学批改。在这种互评压力下，学案组的学生要想给讨论组的同学留下好印象，就会很认真地完成学案写作任务。而讨论组的学生，因为需要给学案组批改，所以讨论的时候不仅要积极发言，还要认真倾听别人的发言，做好记录，这样才有给同伴批改和评价的依据。下课的时候老师将学案收上来，从中能看出两组学生的上课效率都得到了提高。

如何提高课堂效率是初职教师时时要思考的问题，初职教师首先要在观念上对课堂效率有正确的理解，然后要在操作层面上不断尝试。此外，初职教师还可以经常去听前辈老师们的课，听课的时候做好记录，多思考讲课老师的设计意图，听完要多和前辈老师交流，做好反思，并对自己的课堂进行调整。现在的初职教师一般学历都较高、专业功底较强，但自己学得好不代表能把学生教好。教学是一门需要创造力的艺术，每位老师都应努力成为教学“艺术家”。

第二辑

课堂管理篇

学生不交作业，怎么办？如何才能组织好小组讨论？如何建立有效的课堂秩序？……

7. 学生不交作业，怎么办？

张珊

作为初职教师，你对自己的教学场景一定有所想象：明亮的教室，丰富的教学资料，自己幽默而自信地讲授，学生闪着充满求知欲的大眼睛，上课时认真听讲、积极互动，下课后认真完成作业、按时提交。作为老师，除了上课，你还会认真批改作业，通过作业本与学生进行深入交流……

可真正开始上课后，你却突然发现：原来，收齐作业并不是一件容易的事情！

你感觉很抓狂，不能理解为什么他们不写作业。这个作业很重要哇，而且也不多。为什么他们就是不写呢？面对这种情况，我该怎么办呢？

不管他，反正他不交作业我就扣分，时间长了他就知道了。严厉地批评他，动之以情，晓之以理，让他意识到不交作业会有多么严重的后果。然而，你苦口婆心，冷面无情，围追堵截，草木皆兵，但不交作业的学生，似乎还是无动于衷。

抓狂、催促、威逼、利诱，发现无效后，你开始变得冷漠："学习是你自己的事情，难道作业是为我写的吗？"可是，就这样置之不理了吗？你没有那么大的决心，也不想冒那么大的风险，只能苦着脸、拉着脸不断地催。收效一般不说，不知不觉地，你竟然变成了自己讨厌的"凶狠"的样子，你不禁问自己:“到底发生了什么?”

其实，哪怕收作业这样的小的教学环节，也是有不少窍门的。笔者走访了十一学校各个学科有丰富教学经验的老师们，向他们请教催作业的技巧，现整理下来与大家分享。

一、态度柔和而坚定

学生的心思，老师不好猜。不过换位思考一下，想想自己的学生时代，似乎也不算难猜。不妨扪心自问：那时候，作为学生的我们，都会按时按要求、保质保量地交作业吗?

好像也没有。

那时候，我们也会因为周末时间太短，因为规划不合理而造成时间不够、无法完成作业；也会因为不喜欢某门课，而反复拖延，不想写相关作业；也会因为觉得某项作业内容很模糊，而不知道该怎么写；也会因为身体不舒服，而允许自己偶尔偷懒不写；也会因为觉得寒假、暑假时间很长，开头放开了玩，而在最后几天熬夜补作业……时光流转，如今我们成了老师，难道我们就完全忘记了学生时期自己不交作业的诸多理由了吗？人同此心，心同此理，能够理解学生不交作业的原因，催促时的态度就不会那么差了。

我们应该相信学生，要询问他不交作业的理由，而不是一见到他就拉着脸，甚至质疑他的学习态度乃至人品。只要教师平易近人，真正存着关心与友爱的心思去询问学生，学生多半会乐意告知他未完成作业的原因。知道了原因，才好对症下药；否则，一味地威压，只会让学生敢怒不敢言。孔子曰：“道之以政，齐之以刑，民免而无耻；道之以德，齐之以礼，有耻且格。”如果只是逼迫而不进行教导的话，最终学生就会通过反抗来表明自己的态度。

当然，态度温和不等于置之不理，还是应该坚持催促。在询问清楚学生不交作业的原因后，我们应该和他说明交作业的重要性与必要性。作业是为了巩固课堂学习内容而存在的，可以帮助学生温故而知新，或是进行相关的拓展。如果发现学生在意识到这些问题后，还是怠惰，那就要把催促进行到底。态度要温和，目标要坚定，应随时催促。比如，在查自习的时候遇到了学生，可以提醒他记得完成自己的作业；在吃饭的时候遇到了，可以问问他是不是做作业遇到了什么困难；有时候聊天，也可以和他深入探讨他是不是打算“吃老本”了。不做作业，不练习，怎么可能学会新知识？动之以情，晓之以理，诱之以利，威胁以前途，通常学生就会慢慢培养起按时交作业的习惯。

历史学科的李亮老师提醒我们：催促作业，要做好长期“对抗”的心理准备。他认为，学生不交作业，当然可以找学生谈话，但也要明确意识到，不交作业的现象不是通过一两次谈话就可以根治的。一两次谈话无效的，只能继续谈，反复谈，要试着从多个侧面去了解学生。在了解的基础上，老师要分析其不交作业的各种原因，抽丝剥茧、多管齐下。当然，还要注意别被其他同学看到，保全他的面子。李亮老师提醒我们，做好长期“对抗”的准备，坚持不懈地催促，这也是教师的一项重要的作业，只要我们坚持做，情况就一定会越来越好。

二、不同情况要分清

在不断和学生谈话，了解其不交作业的原因后，不仅可以反复催促，让学生交作业，还可以针对不同情况，为他们布置个性化作业，提出个性化要求。要让学生面对作业感觉既贴心又有挑战性，愿意真正投入精力到作业中，通过写作业完成高效率的二次学习。

在这方面，数学学科的马玲坤老师为我们做出了表率。马老师结合高中数学三个教学班的学习情况，分析班级同学不交作业的原因，将其分为三种情况，分别解决。

第一种情况：学生很聪明，觉得作业太简单了，不愿意写。这种学生往往是自主学习能力比较强、自主规划比较好的。他们更愿意将精力放在能有效提高自己学习能力的任务上，而不是人云亦云地随大流。面对这种情况，马老师会选择布置一些更具挑战性的作业。这样不仅可以激起学生的斗志，还能让学生学到更多知识，进而更加喜爱这个学科，可谓一举多得。这时候，学生交作业的问题就不用担心了。

第二种情况：学生性格较为懒散，做事有些拖沓。这种学生往往是规划能力不强、学习习惯不太好的，他们在观念上是知道应该好好写作业的，但在完成作业的过程中反复拖延，或被其他事情分散了精力，导致作业没有完成。针对这种情况，马老师选择走近他们，帮助他们制订行之有效的学习计划，并在计划实行初期，主动监督、督促。这类学生一旦形成了良好的学习习惯，作业也就能顺理成章地完成了。

第三种情况：学生学习基础比较差，针对全班布置的作业，对他们来说有一定难度。这种学生面对作业的态度通常还是可以的，但如果长期处于“心有余而力不足”的状态，就不仅会失去对学科的兴趣，甚至丧失对学习的信心。面对这种情况，马老师会主动减少作业，或是布置一些个性化作业，在学生能完成基础作业后，再慢慢增加难度。通过布置个性化作业，为学生搭建提高学习能力的脚手架。

马老师在对学生不交作业的原因深入分析后，针对学生的具体情况，进行个性化处理，不仅使班里学生基本上都完成了作业，还使学生的学习效果变得更好。

三、催促及时而灵动

良好的开端是成功的一半，学生刚入学的第一个月，正是老师催作业的黄金时期。如果有学生没有完成作业，老师应该及时、频繁催促，让学生明确按时提交作业是学习任务的一部分。这时及时催促作业，不仅能够收到大部分拖延的作业，还能帮学生养成良好的学习习惯。

化学学科的董素英老师会在开学时频繁催促学生交作业。她会在每次上课见到学生时都问一下；会在班级微信群里联系学生，甚至加好友催促；路上遇见不交作业的学生也要问问他为什么不交作业……频繁催促会让学生感觉不交作业见到老师会很不好意思。这时候，学生不仅会按时交作业，还会意识到老师对作业的要求是比较严格的，也就不敢轻易拖沓。董老师提醒道：开学之初，一定要重点关注那些不交作业的学生。老师要连续追几次，让这些学生建立一定要交作业的意识。如此，一个学期通常都可以不用再为学生不交作业而苦恼了。

数学学科的孟佳音老师在催促作业时另辟蹊径。催促之外，针对学生课下作业完成得不理想的情况，她选择尽量利用课上时间多处理一些学习任务。学生当堂完成学习任务，不仅效率高，而且因为老师当堂讲解、答疑，反馈非常及时，学生可以直接调整自己在学习中的误区，学习的乐趣能极大提高。孟老师如此操作，让课堂效率提高了不少，课堂容量也增加了很多。当然，课堂上不可能处理完全部学习任务，还是会有一些要在课下完成。

孟老师的做法提醒我们，学生交作业，是希望能得到老师及时指导、及时反馈的。这也对老师们及时批改作业提出了要求。如果老师批改作业比较慢，一周左右才改完再讲解，学生很可能已经忘记了作业中的内容，更不要说作业中存在的困惑了。从这个角度说，老师批改作业的及时程度，十分影响作业对教学的辅助作用。如果老师能够及时完成作业批改并指出问题，学生就会更有完成作业的动力。

据学生说，英语学科的范明婕老师改起作业来十分“疯狂”。范老师对学生的作业基本上可以做到当天收、当天改、当天登成绩、当天在学生群中发做得好的学生名单进行鼓励、当天联系那些没完成作业的学生补交。她这种“疯狂”、及时的作业反馈，确实能收到良好的催交效果，当天被晒在班级群里的学生，都会乖乖地补交作业。因为老师将提交作业的底线提高到“当天完成，当天反馈”时，学生就是想要拖延，也不可能拖延太长时间。因为可以及时收到反馈，学生就能及时了解自己作业中暴露出的学习问题，就可以及时调整。一次次小而具体的调整，会累积成越来越多的量变，最终带来质变——不断成长。这样，学生学习起来既轻松又高效，自然就会爱上这个学科。时间长了，学生和老师都养成了“今日事，今日毕”的习惯，也就很少会有学生迟交作业的问题了。

当然，想要让学生及时提交作业，老师们也可以借助网络，打破时间、空间的限制，灵活地接受学生的作业。像英语、语文、历史等需要大量阅读的学科，如果需要布置一些朗读作业，就可以让学生把完成的作业直接发送到微信平台上。这样一来，老师就可以利用碎片化时间点开听，并给学生反馈。如果是阅读作业，尤其是阅读量比较大时，学生一定会将阅读延伸到课下，那么就可以要求学生将完成的作业直接发送到微信平台上。如此不仅可以随时反馈，网络上还会记录下师生讨论的内容，方便学生复习的时候查看，一举多得。

平时，如果学生把作业带回家完成，想将作业交给老师的话，他可以直接拍照或者将电子版发送给老师。这时，如果老师在线的话，就可以及时回复。高一年级英语学科的老师们，就常用扇贝单词等 APP 监督学生完成背单词的任务。学生在寒假期间将背诵完单词的页面分享到微信群，老师可以借助微信群进行监督。有些学生会发到微信朋友圈，让朋友或家长监督，以增强坚持背单词的动力。

四、作业内容要清晰

催促学生完成作业固然重要，但在催促前，我们也应该扪心自问：布置的作业是真的必须做的吗？学生做了真的会有收获吗？量是否合理，学生有足够的时间完成吗？作业符合学科核心素养吗？布置作业时考虑学生的最近发展区了吗？作业的难度和区分度是合适的吗？……只有充分考量了作业的合理性，确认作业确实有必要后，老师才能理直气壮地去催促学生。建立在不合理作业基础上的催促，只会导致不好的后果，甚至让学生厌恶自己的学科，那就得不偿失了。

化学学科的刘作亮老师就很犀利地指出，如果只有个别学生没有完成作业，可能是因为他们的学习习惯不好。在这种情况下，老师可以频繁催促或适当调整。如果大部分学生都没有完成作业，或不停地抱怨，这就是在对老师发出信号：是不是作业并不合理？是作业太多了，学生没有完成的时间呢？还是作业难度太大，学生的水平不足以去完成呢？抑或是布置作业前没有告诉学生相应的方法，学生完成的结果与自己的预期不符合呢？如果问题在老师身上，就一定要及时调整，而不是一味向学生用力，否则事倍功半，让人充满挫折感。

物理学科的邓靖武老师也提出，作业毕竟只是课堂学习的辅助手段，老师和学生都不应该过分依赖作业来提高效率。事实上，如果只是针对学科核心素养布置作业的话，作业量通常是不会太大的。当对学科核心素养有精准的把握时，老师往往就能够布置出精练和训练点准确的内容。这时，学生完成起来会比较轻松，提交起来也会及时，老师也就不用为催促作业而担心了。此外，邓老师建议老师们在布置作业时应形成一定的规律性，比如，他们物理学科便要求每次上完课都要写练习册，对此学生已经形成习惯。

另外，老师们也应该考虑短期作业与长期作业的区别，课堂上布置的作业和寒暑假时布置的作业对表述清晰度的要求是不同的。平时课堂上布置的作业，学生基本上当天就会完成。如果对作业内容有不明白的地方，可以随时向老师请教。周末作业，往往是在一周最后一节课时布置，老师通常在课堂上已经耳提面命过了，而且周末只有两天时间，学生对作业的理解一般不会超过“保质期”。而寒暑假作业却不同，假期一两个月，有些学生又习惯将某科作业留在最后几天做，那时他可能就有些记不清具体的作业内容了。这时，清晰、具体的作业要求，可以促使他们更好地完成作业。

语文学科的史建筑老师就对作业内容表述的清晰度有较高要求，尤其是在寒暑假之前，作为备课组长的他，往往会提前几周召集备课组成员商量假期作业的内容，并将其制作成清晰的表格打印后发给学生，让他们可以随时完成、随手标记，自我监督。语文学科的夏伟老师会在过程性评价中明确标注哪位同学的哪项作业没有完成。语文学科的黄娟老师会在每节课上课前投影出学生完成作业的情况：哪些学生做得好、哪些学生没有完成，这次作业的评价标准以及要掌握的核心能力点。这些清晰的标注，可以让学生明确作业内容以便按时完成或及时补救。

五、联系家长结同盟

如果上面这些手段都使用了，还是不能解决问题，那么不妨试着联系学生家长，向家长反映学生不交作业的情况。一般情况下，家长都是乐意配合老师督促学生的。家长还可向老师反映学生平时在家学习的情况。比如，最近家里事情比较多，或者学生身体不太舒服，或者学生对这门学科不感兴趣，或者需要老师配合做些改变，这些对老师掌握学生的学习情况是十分有利的。

此外，同一个学生对不同学科作业的表现可能是不一样的，一个语文作业总是拖延的学生，可能是化学实验的高手，因此，同一年级不同学科的老师可以多交流，努力从不同方面更好地认识学生，接近他，了解他，帮他分析、解决问题。完成作业不是目的，最终目的是让学生掌握各个学科的核心素养，获得自我成长与提升。

以上技巧，概而言之如下。

催促时间尽量早，动机原因要分清。
批改反馈要及时，收集手段要灵动。
作业内容要清晰，反思自己勤调整，
态度柔和心坚定，联系家长结同盟。
催促作业是手段，落实学习才算赢。
不急不躁心坚定，软硬兼施效果成。

初职教师朋友们，请试着操作一下吧，希望您催促作业成功，不仅催到了学生的作业，更促成了他们的成长。

8. 不知如何更好地激励学生，怎么办？

刘雪峰

面对现代学生的学习状态，初职教师如何激励学生克服懒惰心理、提高学习积极性，显得尤为重要。

激励是指激发人的动机，使人产生内在动力，并朝着所期望的目标迈进的心理活动过程。在教与学过程中，激励就是教师采用有利于学生身心发展的方法，对其主观能动性、非智力因素等进行激发和鼓励，是对学生主体能力展现的一种期待、信任和鼓励。激励是一种手段，也是一种约束。要想有效地激励学生，就要讲究策略和方法。

一、要有良好的学科素养和教育热情

良好的学科素养和教育热情是在课堂上激励学生的必备条件。初职教师只有拥有良好的学科素养，对本学科的知识体系和架构非常清楚，才能让教学变得更有深度，才能尽可能地发挥学科魅力，得到学生的喜爱。课堂上，学生学习的不单单是知识，更重要的是学科思维和能力。只有拥有良好的学科素养，才能在课堂上游刃有余，潜移默化地影响和激励学生。只有自己深爱教学，才能流露出对本学科的喜爱与憧憬，由内而外地感染学生；学生才会在其领导和指引下，慢慢喜欢上本学科，爱上本学科的学习。

[案例8-1：张兆利老师的魅力数学课堂]

张兆利老师是常规初二的数学老师，有二十多年的教学经验，拥有深厚的数学素养和教育教学热情。平日里，张老师喜欢研究数学问题，阅读数学名著，与数学家们进行精神上的交流。在平时的教学过程中，张老师也不单单重视数学知识点的教学，更重要的是重视渗透数学思想和思维。凭借自己对数学的热爱和对数学家思想的敬仰，他时常与学生分享自己在心灵上与各大数学家的对话，与学生一起探讨逻辑和真理。在学习勾股定理一节时，张老师摆脱常规模式，并非单刀直入地讲解新的知识点，而是从数学家谈起。从古希腊著名数学家毕达哥拉斯因一个偶然的机会发现勾股定理，到赵爽弦图，张老师将知识点融到一个个小故事里面。学生听得津津有味，同时也学到了该掌握的知识。原本可能挺枯燥的一节理论课，在张老师的带动下，学生学得兴趣十足，更有学生对中国数学史产生了浓厚的兴趣，课下翻阅书籍，查阅资料一探究竟。

二、精心设计好每一堂课

课堂是教与学的主阵地，也是教师传道、授业、解惑的重要一环。精心的课堂设计会极大地调动学生在学习过程中的积极性，促进学生对学科的认可和喜爱。在整个教学设计中，老师要注意关注不同学生的学习状态和掌握程度，并根据学生能力和学习状态灵活应变，做好预设，同时提供相应的学习目标和学习任务，适时进行个别化教学。在整个教学过程中，老师不单单要重视知识的学习，还要关注学生的学习方式，教给学生更好的学习方法。

当学生的学习策略改变了，学习效果提升了，感受到了学科魅力时，他的自信心便会得到提升，他便会自然而然地喜欢上学习。

［案例 8-2：侯敏华老师特别注重在课堂上激励学生］

让我们一起看看侯敏华老师是如何利用课堂激励学生的。侯老师是高中英语老师，她的课堂是非常形象和生动的。在课堂上，侯老师特别注重营造师生互动的氛围，注重与学生之间眼神和语言的交流，让每一名学生都能感受到自己是被关注的。对学生回答的每个问题，侯老师都会跟学生一起进一步探讨，就问题给予实质性的反馈。即使问题回答得不理想，在侯老师的引导下，学生也能从中学到技巧和方法。在师生互动的同时，让学生真切地感受到只要努力就会有收获。在侯老师的课堂上，新知识的学习是在师生合作中推进的，让学生切身感觉到自己是整个学习进程不可或缺的一部分，自己通过努力推进了学习进程，并从中获得了学习的自信和成就感。

三、用好过程性评价，及时反馈学习状态

十一学校对学生的评估系统是由过程性评价和终结性评价构成的。其中过程性评价用来记录学生的整个学习过程。过程性评价包含很多内容，例如，课堂表现、作业完成情况、改错完成情况、单元诊断、特殊加分、学科活动等，不同学科各具特色。每节课后，老师需要登录学校的选课平台，完成学生一天学习状态的评价。过程性评价是你与学生沟通交流的好机会，每一次过程性评价都是你与学生以及学生家长的一次单独对话，用好过程性评价，及时反馈学习状态也能收到激励学生的效果。做过程性评价时，要遵循以下几个原则。

其一，时效性。过程性评价尽量当天完成，要让学生感觉到老师认真、负责，经常关注着自己，激励效果会事半功倍。

其二，倘若出现扣分情况，一定要加备注说明原因，尽量给予学生补救的机会。如果学生的表现不好，一定要加备注说明扣分细则并给予补救机会，要让学生明白老师对他的期望、他要如何做会更好，进而激励学生。

其三，倘若学生不在乎过程性评价成绩且表现欠佳，老师务必要了解情况，与该生当面进行沟通与交流，提高其对学习的关注度。必要时可以与家长沟通，在家校合作的环境下，对学生的激励效果会更好。

[案例 8-3：邓芸老师巧用过程性评价]

邓芸老师是直升初二的数学老师，她利用过程性评价将学生的积极性调动起来。邓老师要上课时，学生通常早早就到了，进入学科教室便安静地学习，很少出现迟到的情况；邓老师的课堂气氛也非常活跃，学生都争相回答问题，小组成员合作共赢，讨论也异常激烈。学生对邓老师过程性评价的规则非常清楚。对学生的每一次迟到，邓老师都认真对待，并在当堂课结束后进行记录。对课堂上表现优异的学生，会有加分。这样，出现扣分的学生便会更加认真地听课，努力回应老师，期望能够弥补自己的不足；没有扣分的学生也想通过加分让自己的分值更高，所以课堂上学生会竞相努力，都想让自己变得更加优秀。当然，邓老师的课堂上也有不太在乎过程性评价的孩子。A 同学屡次不写作业，邓老师课下找 A 谈话几次无果，便将其最近一段时间的过程性评价截图发给了家长。通过家校的共同努力，提高了 A 的重视程度，现在 A 经常会追着邓老师问问题，学习数学的兴趣也变得浓厚了。

四、分层激励

分层激励是日常教学中较为常用的激励方式，让学生按照现有的工作能力和学习水平，通过自我评估和教师评估相结合、自主选择适合自己的评价层次。评价层次由高到低一般可分为 A、B、C 三个层次或更多层次。学生在各自选择的层次中开展争优、创先等竞赛活动，优胜者获得奖励，并允许各层次中的优胜者向更高层次发展。这种激励方式不仅适用于对学生学科学习的评价，而且适用于对学生工作能力的评价。

孙云晓先生做过中小学生的人格调查，他发现，学生的压力越大，学习动力就越小，对成功的体验也就越低。同一个班级的学生智力、能力发展水平不一样，学习基础和家庭教育方式等也不尽相同，这导致了他们发展的速度参差不齐，个体间的差异很大。

分层激励就是针对学生的个体差异，让不同层次的学生在增强自身竞争力的基础上提高竞争意识，循序渐进地进行心理和生理上的突破，以实现目标。分层激励能够充分保护学生的学习积极性，及时地对那些尽了自己最大努力的学生给予奖励、鼓舞，促使学生充分发挥自己的潜能。

[案例 8-4：王树超老师分层激励学生]

王树超老师是高三物理老师，高三的学习时间紧、任务重，学生还面临各种考试。对如何通过每一次考试激励学生更加主动、自觉地学习，王老师有自己的小妙招。每次较重要的考试结束后，王老师都会给学生展示该教学班的成绩报告，其中划定了一个“作业特权线”，能达到这个分数的学生可以完全自主学习，甚至可以选择不完成老师的作业，老师不再干涉。王老师还想出了一个“特权榜”，激励优秀学生不断保持优秀的表现。而低于“面批线”的学生，就必须单独找老师进行答疑，接受老师对自己学习的监督。值得一提的是，报告中还会公布“进步之星”与“逆袭之星”。“进步之星”用来表扬获得新晋特权的学生，“逆袭之星”用来鼓励摆脱面批的学生。这样，每个层次的学生就都有了激励的制度，这激发了每个学生的学习能动性。

五、关注、分析学生个体，抓住其内动力

关注学生的个体差异，找到学生的内动力，是激励学生的关键。这要求初职教师对每位学生有全方位的了解，并认真分析学生的情况，探求如何激发其学习的内动力。

当然，激励的方法和措施需因人而异，对学习习惯较好和能力较强的学生，应帮助他制定合适的目标，并督促和检查；对自己特别想学，又非常刻苦的学生，应进行点拨，在学习方法和知识上进行引导和梳理；对内心抵触学习的学生，应鼓励和引导，发现他们的闪光点，从闪光点入手，慢慢引导，帮助其建立自信心，使其一步步走入正轨，切不可急躁。

[案例 8-5：张作栋老师巧妙施教]

在张作栋老师的教学班里，你会发现张老师对学生关怀备至、循循善诱的身影。张老师是拥有多年教龄的老教师，教学管理经验非常丰富。张老师特别擅长分析学生，了解教学班上每个孩子的情况。张老师常说，每个孩子都是不一样的，都有自己成长、发展的轨迹，他们内心深处都有能够触动的点，只要抓住这一点，使其转化成学习的内动力，他们在学习上就会有显著的变化。B 同学曾经是张老师班上最不听话的学生，上课不好好听课，随便说话扰乱正常上课秩序。张老师并没有在课堂上批评他，而是课下慢慢关注 B，经常找 B 了解他的学习状态和生活上的

困难，让B切身感受到老师是在努力地帮助自己。坚持了一学段后，B终于理解了老师的苦心，开始发奋学习，结果成绩直线上升。数学学科分层流动后，张老师一直保持与B现任教师沟通、交流，持续帮助B。B也时不时回到张老师班里，与张老师探讨数学问题。

六、制定学科激励规则，营造学习氛围

在日常教学、生活中，与学生接触，你会发现他们的兴奋点很多。围绕着学生的兴奋点，制定一些奖惩的小措施和小规则，在辅助教学的同时，学生也能欣然接受。当然，也可以充分发挥学生的主观能动性，学生的思想非常活跃，总会带来意外惊喜。学生自主制定规则，往往更能切合他们的想法，执行力也相对较高。因此，可以精心设计一些奖惩小制度，在小制度的辅助下，与学生一起推进教学进程。

奖惩规则尽量以奖励为主，惩罚为辅，尽量保证能够惠及每一名学生，让每一名学生都能感受到奖励的快感，习惯并爱上被表扬的感觉；让学生感知到，只要努力，便会有所收获。当学生获得奖励时，他会更加努力，努力做得更好。这样便会使激励形成良性循环，使得学习效果越来越好。

[案例8-6：刘雪峰老师的奖惩小规则]

让我们一起看看刘雪峰老师制定的奖惩小规则吧。在刘老师的教室后方，有两个专门收发作业的篮子。上边篮子上挂着一个精致的小本子，上面贴满了一个个小印章。这个小本子是班级的奖励登记簿，每一页的正面都是学生自己认真填写的个性化信息，背面贴着凭借自己努力得来的小印章。这些小印章都是学生通过认真努力获得的。就算是在短暂的课间，也会有学生跑到登记簿前，欣赏一下自己的战果，也膜拜一下

"大神"们的印章墙。时不时还会有学生相互调侃，争相"攀比"起来。有了这个小规则后，学生来数学教室的次数多了。为了获得印章，学生课上更加认真了，作业完成得也更加规矩了，班级形成了良好的数学学习氛围。

七、设计精妙的学科小活动

精妙的学科活动，往往能调动学生的学习积极性，刺激学生关注和参与。在设计学科活动时，初职教师一方面需要及时捕捉学生有待提高和学习的地方，另一方面要了解学生当前比较感兴趣的话题和活动。可以将需要学习和提高的知识、能力融进当前时兴的话题和活动中，以学科小活动的方式吸引学生眼球，让学生在活动中潜移默化地受到影响，开阔他们视野的同时，也增强他们对本学科领域的认识和感知，进而起到激励学生的作用，充分调动他们的积极性。

[案例 8-7：霍轶老师的"硬笔书法风云榜"]

霍轶老师是高中语文老师，她的学生主要是参加竞赛的理科生。霍老师发现他们大都不太注重书写，平常展示书法的机会也很少。于是，霍老师决定举办"硬笔书法风云榜"系列活动，两周举办一次，形式不断创新。霍老师针对学生缺失的方面，想办法刺激他们关注，让尽可能多的学生参与进来，通过活动体会书法的魅力，关注自己的书写。当然，在细节上，霍老师做了充足准备，准备了非常漂亮的书写纸，让学生公开匿名投票，选出优秀的书法作品进行张贴，并表彰在几次书法展中进步明显的学生。通过系列活动的举办，学生对书法有了更深的认识和看法。班级后墙的书法展作品前，时常有学生在讨论。之前对硬笔书法不感兴趣甚至排斥的学生也慢慢接受并加入讨论当中，而且他们对硬笔书法好的学生更是刮目相看。

常规初二年级周五下午的学科活动也是形式各异，由各学科老师齐心协力组织：从语文的戏演三国、英语的名著改编，到数学的尺规作图小组赛，再到理化生的视频答题。通过这些活动，学生充分享受了多样化的学科活动，在快乐中学习，在享受中成长，体味着不变的知识和多变的形式。

当然，激励学生的方法不止这些，还需要我们不断去探索。只要对每个学生寄予同样深切的期望，满怀爱心地关注每个学生的成长，时时处处激励他们前进，一定会事半功倍。

9. 组织不好小组讨论，怎么办？

常晟

美国教育学家本杰明·布卢姆曾研究过不同教学方法所激起的学生思维过程，他指出，与教师单一讲授式教学方法相比，课堂小组讨论教学方法更能活跃学生的思维、吸引学生的注意力。

课堂小组讨论法的研究实际是对合作学习更加细化的探索。最早的课堂讨论当属苏格拉底的“产婆术”，通过问答的方式让学生自己推出答案，为课堂讨论提供了最早的理念。课堂小组讨论法在国外有着更高的使用率，应用也比我国成熟。当然，我们不能照搬国外的教育模式，而应该在教育国情的基础上，充分借鉴国外优秀经验来探索符合我国教育模式的课堂小组讨论法。课堂小组讨论法应用在教学过程中能充分发挥学生的主体能动性，体现学生的主体地位。

我们结合前人的研究，基于课堂实际教学经验，对课堂小组讨论教学中的常见问题和应对策略进行了一些探讨。

一、小组讨论教学中的常见问题

我们进行了关于小组讨论教学的问卷调查，并对教师和学生进行了访谈，结果表明，小组讨论教学中最常见的问题是学生积极性不高。课堂讨论主体学生的积极性是课堂讨论成功与否的重要因素。以下几种课堂小组讨论时的常见问题，会导致学生在课堂讨论时缺乏兴趣。

（一）讨论进入的时机不当

在课堂进行时，问题进入的时机十分重要，适当的时机能够让课堂的衔接更自然。然而，在现实的课堂中，讨论进入的时机往往不恰当，讨论的问题大多为书上的活动题，讨论接入点单一，并且部分活动题需要学生提前准备，缺乏准备或者准备不充分，学生仓促应对，就会积极性不高。

（二）讨论时长的设定不当

一般教师教学时，受时空限制，大部分讨论都在 1—3 分钟内。讨论时间过短，学生还没进入状态就已经结束了。讨论时间过长，学生则容易说一些与老师要求无关的内容。讨论时间无论是不足还是过长，都不能达到有效讨论的目的，也不能收到课堂预期效果，可能还会影响教师正常的教学进度。

（三）小组成员的组成不当

第一，小组人数划分不合理。一般来说，小组最好由 4—8 人构成，但是由于课堂座位分布的限制，我们分组时很难达到这一要求，最常见的分组情况是 2 人或 4 人一组，由于班级人数较多，导致小组数过多。第二，小组划分随机性高。目前，往往是同桌或是前后桌分为一个小组，而不是依据“组内异质，组间同质”的原则划分。这种随机性划分小组的做法会影响小组讨论的效果。例如，小组内成员都很内向，讨论无法展开；或是小组成员都是活跃分子，讨论容易乱成一锅粥，造成局面失控，失去小组讨论的意义。第三，小组成员分工不合理。在小组中，一般是由成绩较好或平时表现较好的学生担任组长，而其他成绩较差的学生则处于被安排的位置。

（四）教师扮演的角色不当

首先，有的教师在课堂小组讨论时当甩手掌柜，将自己置身事外，让学生自己来完成整个过程，不指导、不监督。这会导致学生讨论不认真。其次，有些教师没有给学生提供展示学习成果的平台，尤其容易忽略学生错误的学习过程。这会打击学生的积极性。

（五）问题设定难度不当

问题的难易程度影响着学生参与课堂小组讨论的积极性，过于简单的问题会使学生缺乏讨论的兴趣，失去讨论的必要性，让小组讨论流于形式；过难的问题会使学生无所适从，不知从何处开始讨论，导致讨论停滞。

（六）讨论结束方式不当

结束方式是课堂小组讨论的一个重要环节，很多教师不注重对这个环节的处理。结束方式不当表现在以下两个方面：一是学生讨论后没有总结，直接过渡到下一个话题，这会让学生对问题答案没有明确的认识；二是不听取学生的意见，直接给出标准答案——这种做法忽略了学生的努力，让学生失去讨论的兴趣。这两种做法都会消磨学生对小组讨论的积极性。

二、小组讨论的策略

（一）有效分组

在小组讨论中，有效分组尤为重要。有一些教师在课堂教学中仅仅是为了分组而分组，因此，只是机械地将学生分为若干小组。小组活动时，表面上看很热闹，实际上并不能提高学生的合作意识与学习能力。由此可见，有效分组关系到小组任务的达成以及学生能力的提高，是基础性工作。

怎样有效分组呢？一是依学生特点分组。由于学生之间存在很大差异，他们的兴趣、爱好、能力、知识基础以及社会背景等都不同，因此，在实施小组讨论的过程中，教师应当依照“组内异质，组间同质”的原则合理进行分组，以达到优劣互补的效果。二是依小组规模分组。在小组形成的过程中，也应当考虑人员的数量，小组规模过大或者过小均不利于小组讨论的开展，从而对讨论结果造成影响。只有实行有效分组，才能更好地提升学生的小组合作意识以及相互学习的能力。另外，也可采用趣味分组的方法，比如按男女比例、星座、属相等。总而言之，只有对学生进行有效分组，教师才能更好地掌控课堂，并能够按照预设的教学目标更好地发挥小组讨论的作用。

有效分组是为了让学生了解合作式学习的作用、目的以及如何有效开展讨论等，从而让学生懂得尊重、理解、倾听他人，并学会认真分析、思考与交流。

（二）学生角色定位与角色互置

如今，一些教师已将小组讨论合作式学习的方式运用到了自己的课堂当中，对教学的确起到了辅助与提升作用，但在小组内，对学生的角色定位与角色互置的调控与干预程度仍显不足。在很多情况下，教师会指定小组中学习较好的学生为小组长、记录员或发言人等，而学习较差的学生只是普通的参与者，甚至无话语权。久而久之，学习较差的学生便会逐渐失去参与的热情，并出现依赖性，甚至会感觉他在小组中存在与否对整个团队并不重要，从而产生自卑感。因此应不断进行角色互置，使得小组中的每位成员都拥有一份真正的参与感。

为了达到“组内异质，组间同质”的效果，避免学生情绪上和思想上的惰性，在分组时每位学生都应找到属于自己的工作或角色，都能发挥作用，从而实现小组合作式讨论形成的初衷与目的。同时，教师要在分组前让学生了解各个角色需要承担的责任以及应该完成的任务。

组织者，应起到统领全局的作用，负责小组其他成员工作的分配，带领小组成员就相关问题展开有效讨论，并确保将问题高质量地完成。记录员，负责对小组内各成员对问题的看法和观点加以记录并对其进行有效融合。发言人，能够通过自己的语言将小组最终形成的结果清晰、明了地陈述出来，以便在全班分享的时候，让其他学生及教师清楚地明白自己所在小组要阐述的内容与观点。

（三）问题设定与教师调控

在教学过程中，我们知道，不是所有的内容都适合用来进行小组讨论。如何有效地设计出适合学生讨论的问题，是能否激发学生讨论的兴趣与积极性的关键。因此，教师在进行问题设计时，应当充分根据学生的实际情况，设计出符合学生现状的问题。它既可以是学生感兴趣的问题，这样学生就能够很自然地融入教师所提出的问题及课堂教学中去；也可以是有讨论价值而无统一结论的问题，以便使学生在讨论的过程中发挥创新意识与发散思维。

汪春燕老师特别推荐问题链式讨论策略。这种策略能使讨论内容环环相扣，增大信息量，并使思维过程明面化，学生的思维水平会在你追我赶中不断提升。

另外，教师调控对整个小组讨论具有指引方向的作用。教师调控课堂最有利的手段就是教师评价。因此，在小组讨论的过程中，建立有效的评价机制才是讨论能否达到预期目标的保障。由于小组讨论是由多名学生以小组协作的方式完成的，因此，评价过程应包括以下几个方面：过程性评价——通过此评价方式可以使学生更重视小组协作的过程，进而了解合作式学习这样一种全新的学习方式，同时认识到合作的重要性，即通过合作的方式，可以使团队及个人高效地完成共同的目标与任务；团队评价——该评价可使学生认识到，只有通过团队的力量，才能更有效地达成自身的目标；个体评价——通过对独立个体的评价，可以有效地激发学生的参与积极性、创新意识等。

教师调控主要表现在两个方面。一是把握好教师扮演的角色。教师应该是课堂小组讨论的组织者、维护者和规则制定者，然而，很多教师在学生进行讨论前并没有制定讨论规则，这样会导致课堂秩序混乱，没有规则可以遵循。

二是把握好讨论时间的长短。教师需要利用有关经验对讨论时间进行预判。关联性较小的问题，应把时间控制在五分钟左右；涉及较全面的问题时，需要用整节课的时间进行小组讨论，最后由教师来总结。

小组活动顺利时，教师应适当地给予表扬。小组活动出现问题时，教师应进行干预和指导，及时为学生提供点拨，以使小组讨论顺利开展。评价时，一定要总结与反馈。教师应挑选部分活动开展得较好的小组进行汇报。有必要时，还可以把学生的表现拍摄下来。在回放给全班学生看时，教师应加以点评，指出学生讨论时的优缺点，尽量以表扬、激励为主。

[案例 9-1：侯敏华老师组织的一场学生辩论赛]

第一步，介绍本单元的教学材料以及单元任务，让学生根据自己平时对本话题的理解，选择正方立场或者反方立场。这样，在未来两周的阅读中，学生需要为自己的立场努力搜集材料、积累观点，同时为可能被攻击的观点做好反驳的准备。这样做还初步把教学目标转换成了学生自己的学习目标。

第二步，侯老师准备了3篇典型材料，完成对第一篇文章的泛读后，指导学生绘制脑图（见图9–1），同时训练学生整理、表述、反驳观点的意识和能力。脑图完成以后，侯老师会将学生搭配成正方与反方的小对子，让两两捉对“厮杀”，并不断完善。这样就使得学生在彼此的启发下打开了思路，开始了边阅读边思考的过程，并且从纸上的图联系到脑中的图。脑图这个小工具起到了内化信息的作用。

第三步，待学生形成脑图后，从众多样本中选取话题，组织小规模的自由辩论。随机选取两组正方和反方，请双方开展大概五分钟的微辩论，让全班观摩。这种实际感受辩论现场的情况，进一步激发了学生的阅读积极性，推动单元能力目标的达成。

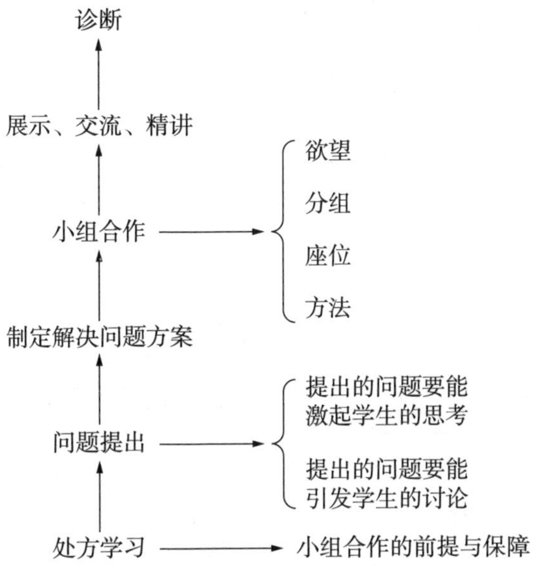

图9-1　学生绘制的脑图

侯敏华教师在小组讨论的过程中充当了组织者、协调者、促进者以及管理者的角色。根据不同的教学内容、教学环境以及教学对象，设计出符合教学目标的任务，以此来激发学生的兴趣与积极性，进而让他们产生协作学习的意识与想法。同时，教师在讨论教学过程当中，走入课堂、走近学生，多观察、多倾听，实时对出现问题的小组或学生进行必要的干预与帮助。只有教师对课堂实时加以调控，才能使小组讨论得以顺利进行。

三、小组讨论学习是实现课堂教学个别化的有效途径

如何在教学中让每一个学生获得学习和发展的机会？由学习金字塔（见图 9–2）可知，讨论是学习内容留存率较高的方式，因此，我们应该重视小组讨论。同时，在课堂上，我们需要关注不同层次、不同水平的学生，要真

正做到个别化教学，就需要我们把每个学生每天学习的起点和终点都掌握清楚。在目前教学班人数相对较多、资源还不太完善的情况下，我们个别化教学的课堂如何组织和实施呢？

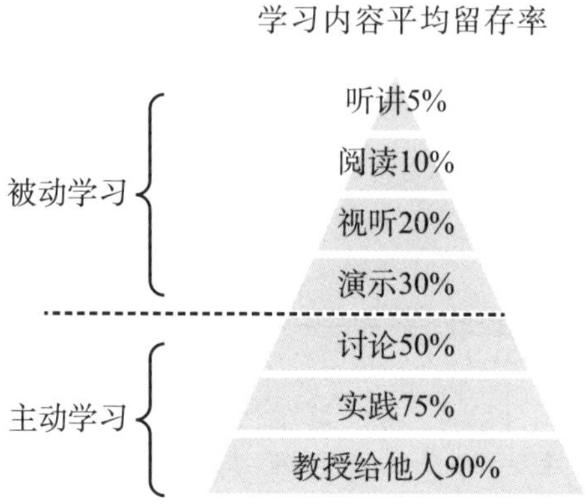

图 9-2　学习金字塔

对一些事实性的知识，处于学生最近发展区、通读教材就能读懂的知识，如定理的来源、简单的证明等，采取独立自主学习的方式较好。而对一些隐藏在定理背后的、与其他知识的联系及规律，或者“为什么”等内容，采取小组合作学习的方式效果比较好。而定理的归纳、提升，学习方法的总结等则应采取老师精讲的方式。

四、小结

课堂小组讨论法可以有效地帮助学生形成批判性和发散性思维。思维能力的培养让学生在今后的学习和工作中都能够受益，不仅教会学生学习，而且教会学生如何学习。本文针对小组讨论中存在的问题提出有效分组、角色定位与角色互置、问题设定和教师调控等合理的小组学习策略。

有效分组。让学生通过与“异质性”小组成员的合作讨论，提高合作意识，获得“三人行，必有我师”的认识。应明确小组合作的目标与要求，每次合作必须有明确的目标，目标要具有一定的可操作性，并使学生理解这个合作目标的意义，这样才能使合作顺利地进行。

角色定位与角色互置。教师由问题的讲述者变成问题的引导者，教师角色的转变，使学生真正成为课堂的主体，可以有效培养学生解决困难的能力。这时，教师不再高高在上，而是走下讲台，融入学生集体。

问题设定和教师调控。设定的问题应该考虑学生的实际情况；同时，教师要做好调控，小组活动时，教师应在各组间巡回指导，充分运用表扬、警告、鼓励等手段监督、指导学生完成任务。

10. 不知如何建立有效的课堂秩序，怎么办？

丁玲

有效的课堂秩序有助于创造一个顺利运转、秩序井然的学习环境，从而提高课堂效率。但有些老师错误地将课堂秩序与纪律等同，利用自己的权力，以惩罚、威吓等不恰当手段要求学生遵守。

秩序不仅仅是纪律，也不仅仅是程序，而更像是两者的结合。纪律规范学生的行为，只告诉他们不可以怎么做，没有告诉他们应该怎么做；程序是告诉学生如何把事情做好，却缺少相应的奖励和惩罚规则。优秀的教师善于将两者结合起来。

一、初职教师要具有课堂管理的意识

管理不等于控制。沈祖芸老师认为，好的课堂有“适度失控”的感觉。“适度失控”是学生全身心投入学习时淡化外在约束的一种表现。教师不仅不应该打扰学生的这种状态，而且要促使学生进入这种“唯学为务，不顾形骸”的境界。可以想象，学生为了更好、更投入地解决问题而轻微违反规则，无疑是他们倾心投入的表现。

很多初职教师认为，应该把主要精力用于课堂教学。事实上，对初职教师来说，课堂管理也很重要，因为管理出了问题，教学任务就不能顺利完成。没有良好的课堂秩序做保障管理课堂，教学设计再完美，也无处施展。其实，管理本身就是教学的有机组成部分。优秀教师在研究教学的同时也在认真研究管理。在教学的过程中，他们能够迅速捕捉教育契机，恰当地实现对学生、对课堂的管理。

在听优秀教师的课时，我们总是会惊奇地发现人家的学生就是“好”，他们似乎非常清楚来到教室之后应该做什么——熟知学习流程，很少违反纪律。事实上，我们看到的正是这些优秀教师与学生建立了有效课堂秩序后的成果。其实，每个优秀教师在建立课堂秩序的过程中都是煞费苦心的，他们在课堂管理方面都独具特色，各不相同。

（一）制定一般性规则

高中生已经具备了较强的自我约束力，能够理性对待课堂秩序。因此，建立课堂秩序时，可以直接告知教师的要求和学生应尽的责任，明确学习规则。

[案例 10-1：史建筑老师制定的学习规则]

史建筑老师是十一学校高中语文教师，他所制定的学习规则如下。

1. 教师每月会推荐 3—5 本书供学生选择，每个月完成一本书的阅读。

2. 每位学生准备五个本子：课堂笔记本、读书摘抄本、知识归类本、生活随笔本和平时作业本。学生要建立自己的个人学习档案，积累学习资料，以便日后更好地诊断。

3. 学生必须按时完成作业，明确成绩获得的方式：过程性评价占

40% 权重，段考成绩占 60% 权重。

4. 语文学科每周二、周四安排早读，并对早读内容进行讲解。在鼓励学生参加的同时，让他们慎重选择，一旦决定参加，将签订早读协议，除特殊原因外，不得出现迟到、早退、旷早读等行为。

可见史老师并没有对每条规则做过多解释。他制定规则，更多的是为了使学生明确自己的责任。

与高中生不同，初中生更加感性，还没有养成较强的自我约束力能力，教师在建立课堂秩序时，一定要让他们从内心理解和接受这些秩序，只有这样才能有效。

[案例 10-2：张佩华老师与学生共同讨论制定规则]

张佩华老师是十一学校初中部的数学教师，她会带领学生共同讨论、制定课堂秩序规则，逐条审核通过，最后学生一致同意后签字生效。张老师强调，规则不宜过多。越精简，学生的重视程度就会越高。让学生经历规则制定的过程，会让他们在潜意识里更加重视。签字代表了承诺和责任，意味着当你违规时，就必须承担后果。

最后，她的教学班建立了这样的学习规则。

1. 进门先把作业交。

2. 书本用具准备好。

3. 上课听讲心不跑。

4. 小组讨论要高效。

5. 卫生整洁要做到。

针对初中生的心理特点，课堂秩序以顺口溜的形式呈现，对学生的学习要求更加具体，并能提醒学生从进入数学学科教室开始就必须遵守规则。

史老师和张老师在制定一般性的学习规则时，充分考虑了学生的身心特点。除此之外，在十一学校分层、分类的课程之下，有一些非常有个性的学生，他们在学习高端课程时有非常强的自主学习能力、自觉性和积极性。针对这些特殊的学生，老师也会相应制定一些“非常规”的课堂秩序。

（二）给优秀学生的非常规学习规则

[案例 10-3：王笃年老师的“三不”规则]

十一学校高中化学高端课程的王笃年老师的“三不”规则，让我从感到震撼到由衷佩服。

“三不”规则如下。

1. 不建议“记笔记”。

2. 不建议设置“错题本”。

3. 老师在讲解的过程中不许举手提问。

初次听到王老师的“三不”原则，让人感到非常惊讶，但了解了他的学生就会发现，他这是顺应了这类学生的天性。王老师所教的高中化学Ⅲ，是高中化学的最高层次。因此，在相对较短的时间内，既要学习完相关内容，又要给学生留出足够的自学自研时间，这就要求学生必须始终保持精力高度集中。所谓“不建议‘记笔记’”是指不建议“抄黑板”式的记笔记，因为这会严重影响思维的连续性，但必须保证“手上有笔，笔下有纸”，随听随记。所谓“在讲解的过程中不许举手提问”，是因为这样不仅使该学生自己不能养成深度思考的习惯，而且会打乱其他学生思维的连续性。所谓“不建议设置‘错题本’”，是反对设置死板的“错题抄录本”。化学Ⅲ题型灵活多变，死板的错题本反而会对错误进行强化，并影响学生思维的开放性。

二、从程序到惯例

“建立”不等于“持久”，“告知”不等于“教会”，要使课堂秩序长期有效，还要靠接下来的“三步落实法”。

1. 适时提醒：要在违反时再次强调课堂秩序要求。

2. 重复强化：重复练习，强化课堂秩序，直到将遵守规则变成一种习惯。

3. 亲自体验：让不遵守规则的学生，去观察、感受其他学生的行为。

通过不断预演和强化，可以让遵守规则成为习惯。

由于走班，学生每节课到教室时都比较兴奋，特别是初中学生，进教室后往往不知道该做些什么，铃响之后才开始想到交作业、准备教材和用具，结果耽误了上课时间。对此，我（指丁玲老师，下同）的做法如下。

将课堂诊断移到课前。将课前诊断小条放到一个小筐中，学生到教室后可以立刻领取。这样，有精力的学生就可以提前了解诊断内容，也有助于他们在课前稳定状态。

其实，很多优秀教师的做法很简单直接。例如，只要看到赵继红老师表示“嘘”的动作，学生就会立刻安静下来；只要听到常晟老师拍掌两次，学生就会马上停止小组讨论；张瑢老师的“五秒安静法”，能让学生在五秒内安静下来。

[案例 10-4：张瑢老师的“五秒安静法”]

张瑢老师和她的学生已经形成默契，上课铃响后，如果教室里仍然喧闹，张老师就会面向大家说：“现在大家开始数数，一起数到五。”学生会立刻回忆起他们与张老师一起定下的规则——五步法。①眼睛看着发言者，②安静，③停止行动，④放下手中的东西，⑤注意听。

这样的规则简单易行，几次训练后，只要张老师一说数数，学生立刻就能够安静下来。

[案例 10-5：朱则光老师对规则的训练]

将规则常规化，十一学校语文教师朱则光有自己的做法。他认为，可执行性强的规则有以下几个特点：①一般可以口头表述，不需要大量文字说明；②简明易记，例如，可采用顺口溜的形式，条数不宜过多；③有明确的期望；④能讲出为什么（比如，有色饮料为什么不能带入教室）。

初中学生下课前易喧闹，铃声一响甚至临近下课前的几分钟，总有学生开始收拾东西，而下课前五分钟正是做课堂小结的关键时间。如何让学生遵守下课程序，朱老师进行了以下几步训练。

第一步：解释。

纪律的最终目的是教育、引导——教育、引导学生使用正确、有效的方式做事。许多教师容易忽视这一点，我们制定规则是为了让学生知道该如何正确地做事。所以应该跟学生解释什么样的行为是被期待的。

“同学们，为了不影响其他同学学习，你离开之前是不是应该检查自己的垃圾是不是都带走了，椅子是不是都放整齐了呢？”

第二步：演练。

学生很难在第一次尝试时就能圆满遵守一个新规则。要让学生充分练习，并及时对执行情况做出反馈。

在前几次实践中，朱老师并没有苛责学生，而是与学生一起按照规则和步骤做，并耐心纠正学生的错误，因为他知道，适量的练习是必需的。

第三步：强化与评价。

每当学生正确地完成规则时，朱老师都会说：“现在你们都做得非常好了，谢谢你们的合作！”这样，不到两周，学生就都能自觉遵守新规则了。

在不断的重复中，学生会获得责任感，而且完成规则后教师的表扬和同学的认可，可以带给学生点滴的成就感和荣誉感，学生正是在这点点滴滴中养成了良好的习惯，并收获了自信和别人的尊重。

三、明确的评价标准让课堂管理持久有力

有经验的教师会从一开始就为制定良好的秩序做准备。有的教师开学第一课用一整节课的时间来明确学科学习规则及要求，并在以后的教学中持久地履行这些约定。

[案例 10-6：庞欢老师的过程性评价规则]

高中英语学科的庞欢老师的英语选修课“原著阅读”，第一节课就是让学生掌握课程学习的规则。

庞老师下发了本学期原著阅读课的任务清单，让学生知道他们需要做些什么，完成后会得到什么奖励，没有达到要求会有何惩罚。

过程性评价是十一学校评价学生学习的一个平台，教师每天对学生当天在学科学习上的表现及时做出评价，这些评价会计入学生的综合成绩。学生对过程性评价非常重视。评价标准由学科教师自行设置。庞老师的过程性评价标准有四项。

①带着问题上课。能提出有价值的新问题的，可得 5 分；②课前小测 5 分，只要认真读书即可回答；③讨论、同伴互评以及学案占 20 分；④演讲 10 分钟，做 PPT，满分 10 分，并有细致的评分标准。

此外，回答微信群里的问题可以弥补课堂表现的不足。

庞老师为她的规则制定了细致、明确的评价标准，不仅让学生有了良好的期望，而且将这种期望“量化”，变成直观的“过程性评价成绩”的形式，取得了良好的效果。

11. 课堂上学生不合作，怎么办？

左纵宇

一、发现问题：学生不合作的表现有哪些

学生出现“三不动”时，就基本可以判断他在课堂上已经无法进行合作了。

1. 眼不动——学生目光与老师脱离，或刻意回避。

2. 笔不动——老师讲解、板书时，不愿动笔记笔记。

3. 嘴不动——老师课堂互动提问时，无思考，不作答。

当然，有些“假合作”（无意义的合作）也要注意识别。比如，老师一提出问题，学生张口就能答出来，这说明问题太浅显，没有思考价值。这不是教学中追求的真正合作。再如，学生只是听取老师所讲，抄下老师的板书，自己没有任何补充或者质疑。这种被动接受也不是真正的合作。又比如，学生看书时眼睛无神，容易被周围的风吹草动吸引。这也不是对教师要求的自觉合作。总之，学生合作与否从他上课时的眼神、动作，课下作业的完成情况以及考试成绩是可以看出来的。初职教师起初一般会摸不清学生在课堂上的表现是不是代表他真正参与了课堂过程，这就需要他们认真鉴别，注意梳理经验，跟踪学生的学习情况，在课下多花时间了解学生的情况与习惯。

二、厘清问题：学生为什么不合作

学生不合作的原因一般可以从以下四个方面着手考虑、分析。

① 学生的学业水平已经高于课堂内容。

② 学生学习困难，与课堂脱离。

③ 学生对任课老师有意见或误会。

④ 学生对学科了解不够，有成见。

三、解决问题前：如何让学生合作

在制定具体方案、采取行动措施之前，需要做一些功课。

①向该生的其他任课老师咨询情况，更全面地了解他的思想、心理、学业水平。

②和与该生关系亲密的伙伴交流，表达出老师想帮助他的意愿，这样能听到更多有关他的真实情况。

③课堂上一旦出现学生不合作的现象，教师首先要意识到可能是教学设计出了问题，或者是教学不能满足学生个别化的需求。此时，不能靠指责、批评把学生控制在教学任务中，而要通过改变教学内容和方式来调动、刺激学生参与教学。

四、具体解决问题：如何让学生走向合作

如何解决这些问题是新教师十分关注的。不同的学生情况是不一样的，需要具体问题具体分析。以下四种情况，需要不同的解决方法。

（一）学生的学业水平已经高于课堂内容

1. 让这类学生起到“辅助、替代老师”作用，让他们引领课堂

具体做法如下。

①专门设置一些可能只有他们才能回答出的问题。让他们形成一种反射，当这样的问题出现时，他们就知道“是时候该我出场了”，就会兴致很高地参与到课堂中。

②给予他们自主研究的特权和任务，让能自主研究成为一种荣誉。他们可以不上课，可以不写作业，自己去探究。当然，研究报告是要交的。

③为他们开设高层课程，比如专题阅读、课题研究、自创实验等，以开阔他们的视野，促进他们自学和创新能力的形成。

[案例 11-1：李春宇老师布置个性化任务]

物理学科的李春宇老师在每个单元的教学中，都会给不同学生布置不同的任务。在进行电学教学时，得知有些学生在课外已经进行过一些电子线路的学习后，便专门设置了一个实验环节。他让学生小组分工设计电路，且难易层次是学生自主选择的。没有课外学习基础的学生，这一任务可以很好地帮助他们巩固课内学到的知识；而基础比较好的学生，可以尽情展示之前学到的技艺。一些学生设计的数字电路，实现了大量炫酷功能，其他同学看到这样的设计会上前询问，他们就当起了小老师。这样的课堂设计，既让基础相对不好的学生有事可做，同时又激发了基础较好学生的热情，让他们展示了自己的才华。这既满足了他们的自尊心，同时也给其他同学做了很好的示范，提升了课堂效率。

2. 让这类学生大胆提问，用他们的问题来为其他同学打开思路，为老师的教学提供资源与灵感

学习较为刻苦的学生、层次比较高的学生往往更喜欢问问题。宋新国老师在每个自主学习阶段结束后都会让学生总结问题集，从中获得上课时可以用的素材。要从这些好学生的问题中提炼出可以与常规教学相融合的内容。在常规教学中加入这些问题涉及的情境，能使好学生觉得教学内容与他们的思考息息相关，从而保持思考的动力。

[案例 11-2：注意收集学生自主学习中的问题]

作为十一学校物理老师，我（指左纵宇老师，下同）在每个单元的教学中都会做一件事，那就是收集学生自主学习中的问题，并从这些问题中提炼出上课时需要重点讲述的内容。当学生知道这些问题有可能被筛选到课上讲述时，完成这项作业的积极性会大幅提高。有些学生的认真让老师大为惊讶，他们梳理的问题能够写满整个本子，其中蕴含着他们对问题的思考。可以看到，当老师真正放开学生时，学生的创意便会如泉水般喷涌而出。渐渐地，我发现将这些源自学生的问题融入课堂后，这些学生上课时的注意力提高了，也更愿意参与其中进行深入讨论了。

学生对方法、过程的掌握要比对知识的掌握更重要，老师需要从水平较高学生的问题入手对解决问题的方法进行启发，从而使不同层次的学生都能够感受到课上所讲的内容对他们方法上的提高。通常不要过多地对具体问题进行讲解。

（二）学生学习困难，与课堂脱离

解决方法：一是要帮助他们树立信心，二是要从改变他们的行为习惯入手。

［案例 11-3：王笃年老师重视“科代表效应”］

化学学科的王笃年老师说，有一种“科代表效应”。如果老师给予这样的学生一定的责任（如担任科代表、学科助理），能够使他们以更高、更严格的标准来要求自己，他们就会花更多心思和精力来学习。当成绩提高时，成就感会促使他们继续保持高标准、严要求，从而形成良性循环。这样，他们的学习就会逐步变好。

［案例 11-4：孙文利老师重视个别化辅导］

化学学科的孙文利老师说，对这样的学生，课外应对他们的学习、生活多关照（比如讲试卷时给予更多细致的点评），并进行个别化辅导，以帮助他们培养良好的学习习惯（比如及时落实基础的化学方程式，落实作业、考试改错）。

［案例 11-5：曹书德老师开设援助类课程］

语文学科的曹书德老师说，应该为这样的学生专门设置援助类课程，通过一定课时的学习，他们可以再回到原先的课堂上。这样的援助类课程要适应他们的学习水平，使得他们在课上能够真正融入进来，有所收获。

［案例 11-6：宋新国老师的课下辅导］

物理学科的宋新国老师认为，对学习困难的学生一定要进行个别化的课下辅导，以帮助他们提升学习能力。重点是通过面批了解他们学习中的痛点。学习相对困难的学生往往不乐于主动表达，所以一定要鼓励他们说出自己的解题思路，从中发现问题。如果学生极其不主动，老师应该主动利用课下时间去找学生面批。没有一个学生会拒绝老师真诚的帮助。

总之，对因学习习惯不好而导致自主学习情况不佳的学生，要告诉他们什么样的习惯是好习惯。这需要老师对习惯好的学生的做法进行展示。这既可以使老师的要求更加明确，也是对好学生的鼓励。学生明确了什么样的行为才是良好的学习习惯时，就会发生改变。

针对相对后进的学生，一定要捕捉他们的优点并给予突出表扬，即使这些优点在一般学生身上并不值得特别表扬。这样做原因很简单：这些学生平时在学校很难得到表扬，一次表扬也许就能让孩子找到自信，从而喜欢上这个老师、这门课。

[案例 11-7：我与“问题学生”A]

我的班里有一名“问题学生”。他对学习没有多少热情，作业总是敷衍，上课时永远是一副不配合的样子，有时候还会出现对学习和老师的敌意。可想而知，这样的孩子平时在学校里真的很难得到老师们的夸奖。有一次，在课上做实验时，他帮助同组的同学把铁架台组装好。如果是别的学生，只是帮忙组装好一个铁架台，我是不会因此特意去表扬他的。但对 A 来说，这却是难得的。我捕捉到了这个细节，在全班学生面前特别表扬了 A，夸赞他勤于动手，动手能力强。结果，他在物理课上的表现从此发生了转机。他开始向我询问上课时回答不出来的问题，并开始认真对待作业。此后，我对他持续跟踪、辅助。后来，他成为物理学习的优秀生。

（三）学生对任课老师有意见或误会

“亲其师，信其道”，学生对学科的投入程度和对任课老师的喜爱、认可程度是呈正相关的。

[案例11-8：孙龙老师向学生道歉]

在孙龙老师的教学班上，A的化学成绩一直名列前茅，但后来却突然出现大滑坡，孙老师发现他上课时从原来的积极参与变为消极怠工。孙老师不得其解，就找A的密友了解情况。原来，在一次课上，A问了孙老师一个问题，孙老师却严肃地说：“这个问题的答案书上就有，你肯定没好好读书。其他同学也注意，以后问这样看一眼书就能找到答案的问题我不予解答，认真读书是自己的事。”A性格比较敏感，他觉得孙老师是当着全班的面批评他读书不认真，觉得特别委屈和难堪。这件事之后，A对化学的态度发生了很大转变。弄清原委后，孙老师及时找到A道歉，消除了误会。

学生终究还是孩子，因此，我们要特别注意自己的表达，不要有意无意地伤害学生的自尊，甚至让他们产生误会。如果误会已经发生，老师要认真反思，及时跟学生道歉，说明情况，消除误会。

教师不只是教学者，不只是上课时才跟学生在一起，也要努力成为学生生活中的陪伴者和引路人，要努力参加到学生的体育锻炼、文娱活动中去。在这个过程中，学生会对教师产生亲近、依恋、敬仰之情。教学经验不多的初职教师，尤其需要学生感情上的依赖以奠定良好的师生情谊。

[案例 11-9：我和小 A 的一段经历]

寒假的时候，我发现有个别学生因为家长工作的原因来学校自习。这些学生表现出突出的孤独感，平时上课不是很配合教学的 A 就是其中之一。于是，我时不时去教学楼转一转，中午还会叫上 A 一起共进午餐，下午会约 A 一起打球。其实，A 打球的技巧比我高多了，我发现 A 竟然故意让球。短短一周左右的陪伴就产生了较大影响。开学后，A 在我的课上很少再捣乱了，有问题也会及时询问。正是在平时生活中与 A 的几次接触使我取得了他的信任，让他在情感上有了学习动力。

（四）学生对学科了解不够，有成见

在深入学科学习之前，这类学生一般会有一个前置观念或者判断。比如，有的学生准备学文科，觉得化学、物理知识完全用不到，没必要学；有的学生觉得化学、生物中需要记忆的内容太多，把它们当作文科学，结果越学越觉得难学，丧失了兴趣、信心。

[案例 11-10：王笃年老师从学科素养切入]

化学学科的王笃年老师说，老师要站在学科的高度，从培养学生学科素养的角度切入，改变学生的认识。比如，在报道天津滨海新区爆炸事件时，很多记者分不清氧化物和氧化性物质，把硝酸钾叫作作氧化物，结果闹出了笑话。如果在上课时穿插这样一些例子，对文科学生提高学习热情会大有裨益。

[案例 11-11：曹书德老师的思路]

语文学科的曹书德老师说，每门学科都有独特的魅力，对此类学生不必强调学科的功利性，而应该让他们读读与其有关的文字，做一做与其有关的小实验。

[案例 11-12：数学“学霸”学习物理遇到困难]

我（指左纵宇老师，下同）的物理班上有一个数学“学霸”，长期的数学训练使得他总是想以数学思维来处理物理问题，这使得他的物理成绩在初二第一次段考中十分不理想。其实，数学“学霸”并没有理解物理这门学科的真正内涵是通过理论解决实际问题，物理学习应建立在生活场景中。我开始带领“学霸”观察生活中的现象：电视机的开关光点为何看起来尺寸会变大？如何用凸透镜组装成一个望远镜？应该如何测量声音传播的速度？一个一个来源于“学霸”真实生活的实际问题，激发了他对物理的兴趣，同时也教会了他学习物理的方法。最终，转变了学习方法、感悟了学科魅力的“学霸”，在后来的物理考试中成绩优异，成为数学、物理的双科“学霸”。

如何让学生在课堂上变得更加合作，是一个值得研究的问题，初职教师在这个领域可以大有作为。在辨别不同学生的不合作类型后，应该学会按照以上说法综合施策应对。

一个好老师一定是课堂把控的高手，让更多学生与你合作，参与课堂进程，是把控课堂的必经之路。以上介绍的方法，都要在老师对学生深入了解和观察的基础上展开。其行之有效的前提是良好、坦诚的师生关系。对初职教师来说，良好的师生关系是相对容易建立的。因此，按照以上方法一步步练习，一定会有越来越多的学生愿意与你合作的。

第三辑

技术助力教学篇

什么样的PPT，才是适合学生学习的？如何用信息技术助力课堂教学？

12. 不知如何制作适合学生学习的 PPT，怎么办？

吕俊鸟

现在，PPT 已成为教师日常教学的重要工具。在课堂上合理使用 PPT，有助于提高课堂效率，引导学生自主学习。但是，不合理的设计可能会降低学生的学习兴趣，过度使用 PPT 也会让学生产生依赖心理。初职教师该如何制作一版适合学生学习的 PPT 呢？

一、PPT 为学生而设计

制作 PPT 时，首先应该思考的问题是：“观众是谁？”毫无疑问，观众是学生。那接下来要做的第一件事就应该是分析学生。这些学生有什么特点，有什么样的需求，以何种方式呈现教学内容，学生会更容易理解和赞同你的观点？什么样的问题抛出来，学生会做出积极反应？所以，设计 PPT 要关心的第一件事不是色彩，也不是排版，而是立意，即站在哪个角度进行陈述。无论最后以什么形式呈现，优秀的 PPT 在设计上必须从学生的角度出发，能吸引学生的注意力，能激发学生的探究欲，能符合学生的认知特点，能满足学生的内在需求。

二、制作 PPT 的要点

明确了 PPT 是为学生而做，那么，在制作的过程中，我们应该注意哪些问题呢?

(一)导入要新颖

假如学校正在给学生开展一场消防安全知识讲座，还是在下午第一节课，当消防员拿着灭火器向大家展示它的功能和操作方法时，你的学生会是何种表现?我想，一定会有人听得心不在焉，昏昏欲睡。如果换成以下场景呢?消防员刚踏进教室，就大叫:“最后面的窗帘起火了!”我想，你和你的学生一定会惊慌失措，会赶紧往后看看究竟发生了什么。在一节课中，平淡的导入和新奇的导入也可以产生类似的不同效果，优秀的 PPT 在导入部分应该就能唤醒学生学习的热情，使学生心甘情愿地留在你的课堂上。

[案例 12-1：PPT 中导入部分的蜕变]

在备课过程中，我(指吕俊鸟老师，下同)很重视 PPT 的制作。教学“细胞呼吸”，制作第一版 PPT 的导入部分时，我按照常规的思维逻辑，用第一张 PPT 展示这节课要学习的主要内容“细胞呼吸”，用第二张 PPT 展示“高等动物的呼吸全过程”。由学生熟悉的宏观的呼吸概念引出“细胞呼吸”的概念，这是常见的新知识导入方式。虽然这样做逻辑严谨，但课堂上学生表现出的积极性却不高。在上完一个教学班的课后，经过思考，我对导入部分进行了修改，在第一张 PPT 中放上了两颗鲜艳欲滴的水蜜桃。结果，学生一看到图片立马就精神了。然后，我提出问题:“这样好吃的水蜜桃，如果你想寄给朋友品尝，在长途运输过程中，如何才能保鲜呢？”问题一提出来，学生就七嘴八舌地讨论开了。

（二）内容要精练

有些老师喜欢将重要知识点以文字形式呈现在课件上，希望可以制作出一版内容翔实的 PPT。这样的 PPT 是否适合在课堂教学中使用呢？站在教师的角度看，这无疑是好的 PPT，教师可以借助 PPT 明确教学的重点、难点，梳理知识间的逻辑关系。而站在学生的角度来考虑，文字太多可能不利于学习。

[案例 12-2：张淳老师的“教辅”式 PPT]

十一学校国际部的张淳老师刚参加工作的时候，也喜欢在 PPT 中呈现大量文字，力求囊括所有知识点。对这样的 PPT，学生的反馈也不错：“老师，这句话是什么意思？”“老师，这个内容教科书里是不是没有？”“老师，你的课件对我复习很有帮助。”所以，张淳老师也曾经为这样的课件能给学生带来帮助而感到非常开心，并且决定要把课件做得更详尽，争取达到“教辅”的程度。

然而，渐渐地，张老师发现了这种课件给学生的学习带来了一系列问题（见表 12–1）。

表 12–1 “教辅”式 PPT 的副作用

场景＼效果	教师所期望的效果	学生的实际表现
课前预习	认真读过教材	很少提前预习
听课时	积极互动	忙着记笔记
教师提问时	积极发表自己的看法	部分人沉默
学生有问题时	主动发现问题并提问	被动等待老师问

所以，太详尽的课件确实会存在一些弊端，总结如下。

第一，容易引发学生的负面情绪。想必大家都听过雪盲症，当一个人突然置身于苍茫的雪原上时，眼睛会因为满眼都是雪，雪反射光又特别厉害而突然失明。虽然我们的 PPT 并不像雪原一样空无他物，但密密麻麻的文字不就像片片雪花一样砸向学生吗？“PPT 雪盲症”，是学生在课堂上容易感到疲惫和压抑的原因之一。

第二，剥夺了学生独立思考的空间。麦肯锡公司的主管基恩·泽拉兹尼在《用演示说话：麦肯锡商务沟通完全手册》一书中提出了“听众权利法”的概念，就是听众具有要求提供思考时间，避免被要求不思考就做出决定的权利。而过于详尽的课件对学生的主动学习从促进变成了阻碍，学生可能会习惯直接阅读文字，而拒绝通过观察图片提炼得到信息。

第三，降低了学生的课堂效率。这样的课件知识总结过于全面，会让学生认为即使在课堂上不专心听讲，只要在课下仔细阅读 PPT 就可以了。殊不知，这种做法只是最肤浅的学习，知识的理解和运用才更重要。如果学生在课堂上效率低下，就只能在课下花费更多时间去弥补知识的遗漏。

应该如何改变课件的形式，才能最大限度地激励学生主动学习的热情呢？ PPT 的内容必须精练化！重要、不重要的东西都挤在页面上，再怎么设计都会让人觉得臃肿。只有将非核心的东西一律扔掉，页面才会显得清爽整洁、重点突出。所以，张淳老师后来制作课件时一改详尽的风格，只体现内容的要点和逻辑顺序，努力做到精练。

我们甚至可以在页面上大量留白，鼓励学生自己去完善课件，正如一位 PPT 设计师所说的，留白是页面呼吸的空间，是观众思考的余地，无论是从视觉效果还是从认知规律上来讲，空白都是不可轻视的。

[案例 12-3：张淳老师由繁到简的 PPT]

下图（见图 12–1）是张淳老师根据精练原则修改后的课件，张老师将要解决的问题呈现在课件上，并且做了大量留白，让学生自己查找资料，寻找答案。伴随着课件的改变，学生也发生了很大变化——课前预习回来了，课堂上主动了，学会自己寻找资源了。由此可见，我们的学生具备主动学习的能力，老师需要做的只是培养和发掘他们的这种能力，无须越俎代庖。

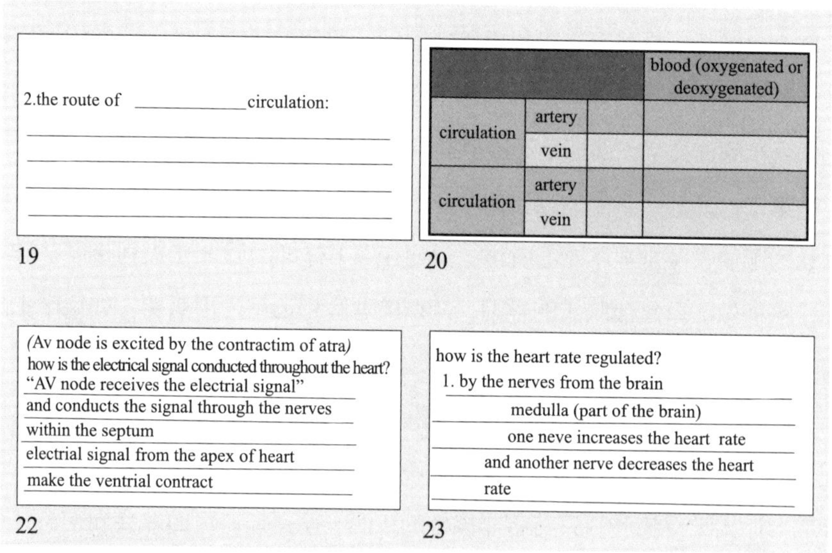

图 12–1　张淳老师精练的PPT

在这一点上，我与张淳老师的观点不谋而合，我也摈弃了在课件中直接呈现知识总结的做法，而将其作为学生小组学习交流的任务，由学生自己完成。这样既完成了教学任务，又培养了学生建构知识的能力（见图 12–2）。

教师通过课堂精讲带领学生一起认识有氧呼吸的总过程，通过小组交流让学生自己总结出有氧呼吸的总反应式及反应式中各原子的去向和来源。学生通过对比有氧呼吸和无氧呼吸的异同点，在有氧呼吸的基础上自主学习无氧呼吸过程。

小组交流

- ➢有氧呼吸总反应式
- ➢有氧呼吸反应中各原子的去向和来源

知识建构：有氧呼吸与无氧呼吸的比较			
项目 \ 类型		有氧呼吸	无氧呼吸
区别	场所		
	条件		
	产物		
	释能		
联系			

图12-2　精练的PPT

学习结束后，学生自己完成“细胞的生命历程”知识概念图。有些学生甚至爱上了这样的学习任务，他们利用电脑软件制作出精美的知识概念图（见图 12-3）。我会把好的作品展示出来，以激励学生。

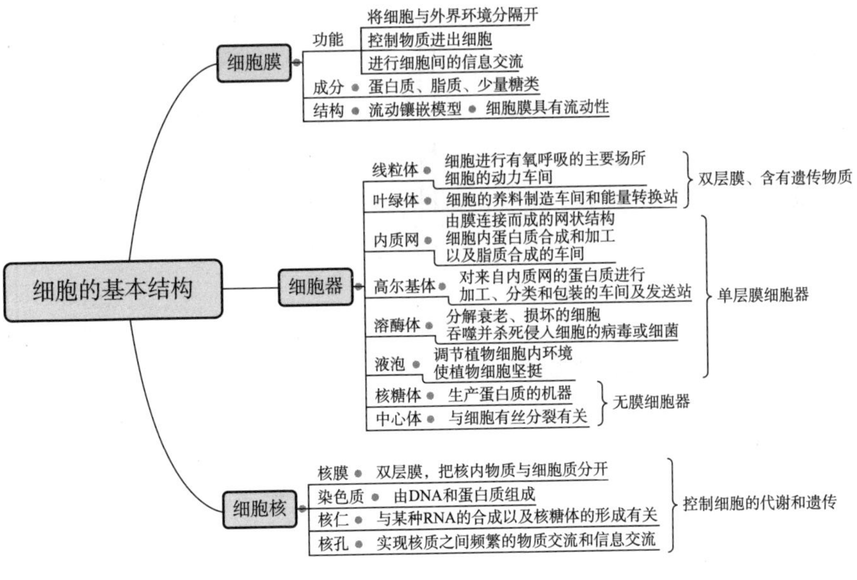

图 12-3　王涵同学制作的“细胞的基本结构”知识概念图

（三）字体要醒目

基恩·泽拉兹尼的“听众权利法”强调，听众享有坐在听众席中任何位置，而无须借助望远镜都能看清每个字的权利。PPT 中的字体要清晰、醒目，这是基本要求。

一般电脑系统默认的字体都是宋体，我们做学术报告、写科研论文的时候，导师也经常要求我们用宋体等字体，但在成为老师，给学生展示 PPT 的时候，恐怕我们就要多用其他字体。宋体虽然看起来整齐、规范，但字体单薄，不够醒目，坐在教室后排的学生可能看不清。相比之下，黑体或者微软雅黑粗壮、醒目，可以把学生的阅读阻力降到最低，以保证他们在课堂上能够集中精力。（见图 12–4）另外，还要保证字号足够大。当然，也可以根据自己的学科特点，设计个性款字体进行点睛，以避免通篇使用一种字体的单调。（见图 12–5）总之，PPT 中的字体设置原则是：易读字体做主打，个性字体来点睛。

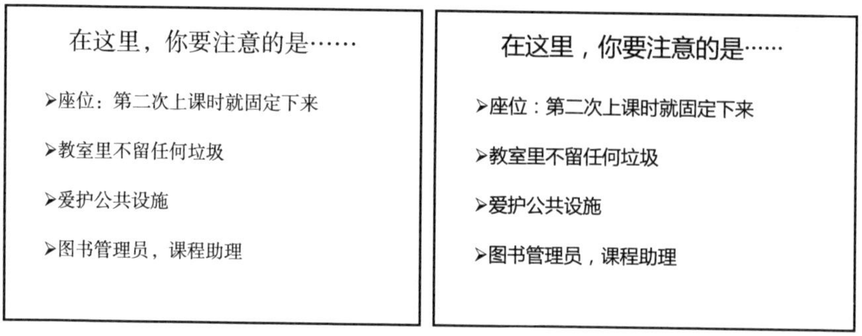

图 12–4　宋体和微软雅黑的效果对比

图 12-5　PPT中的个性字体

小贴士：批量替换字体

如果你已经用宋体做好了 PPT，现在觉得用微软雅黑更好一些，难道你要费九牛二虎之力去修改每一页的字体吗？这时候，你可以进行以下操作，轻松实现批量替换：格式—替换字体。

不过，上面的做法总归还是亡羊补牢，一般电脑系统默认的字体是宋体，如果将默认字体设置为微软雅黑是不是更好呢？那么，你只需要在“视图—幻灯片母版”中设置字体的格式，就可以解决这一问题了。

（四）素材要合适

我们必须承认一个事实，就是无论你在课堂上如何强调这节课多么重要，还是会有学生觉得坐在教室里是浪费生命，完全不如去野外疯玩一番。难道他们不知道孰轻孰重吗？当然不是，问题的关键是学生经常会受到情绪的干扰。因此，我们就要想办法在课堂上消除孩子们的负面情绪，以保证他们心甘情愿地、全身心地投入课堂中。或许你可以从 PPT 的素材入手，利用摄人眼球的图片来抓住学生的注意力。

与文字相比，运用图片有哪些好处呢？图片可以帮你创设情境，让你化枯燥为生动，化抽象为直观，化说教为引导。只需配上画龙点睛的一句话，就可以帮助学生消化教材中的“硬骨头”。总之，运用图片可以将你要表达的信息可视化。（见图 12–6）

生物学科的林晓晨老师在“细胞器的功能”教学中，运用生活中车间部门的分工合作，让学生理解细胞内分泌蛋白的合成与加工过程——用类比让学生触类旁通。

图12-6　运用图片能让信息可视化

那么，如何选择素材呢？PPT 设计有一个“KISS”（keep it stupid and simple）设计理念，翻译过来就是“保持愚蠢和简单”。这告诉我们，在构思 PPT 时，要考虑到观众的注意力和理解力是有限的，所以，在选择素材时，要格外注意选取那些通俗易懂且精美的图片。

最基本的选图方法是关键词形象化，即将某个关键词转换成十分有创意的画面。画面以简洁、清晰为佳。想要让图片更加完美，可以思考下面两个问题：①为什么用这张图来诠释这个词，它妙在哪里？还有别的图可以替换吗？②这张图除了表达这个意思，还有其他隐含的意思吗？

小贴士：如何搜集图片素材

① 网上搜图。可以从网上下载图片，全景网、昵图网、站酷网上都有海量图片，通常总能找到你所需要的。

② 自行拍摄。带上手机在十一美丽的校园中随意逛逛，或许你就能拍到可以使用的素材。如果照片中有某个学生的影子，上课运用这个素材的时候，学生的情绪通常一下子就会被点燃，你还会担心课堂气氛不够活跃吗?

③ 手绘。如果始终找不到理想的图片，不妨自己手绘创作。这看起来难度挺大，其实，很多图片可以由一些基本的图形构成。比如，一个圆形加一个半圆就能拼成一个人形（见图 12-7），一个矩形加一个圆形就是一幅路牌（见图 12-8）。只要留心，你就能在生活中找到创作的灵感。

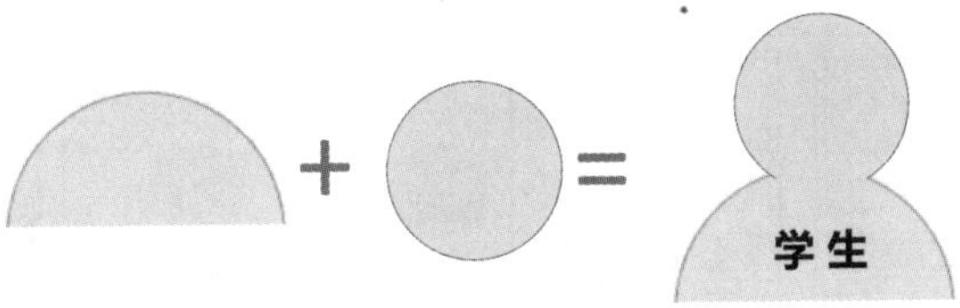

图12-7　用简单的图形组合就可以绘制出“学生”形象

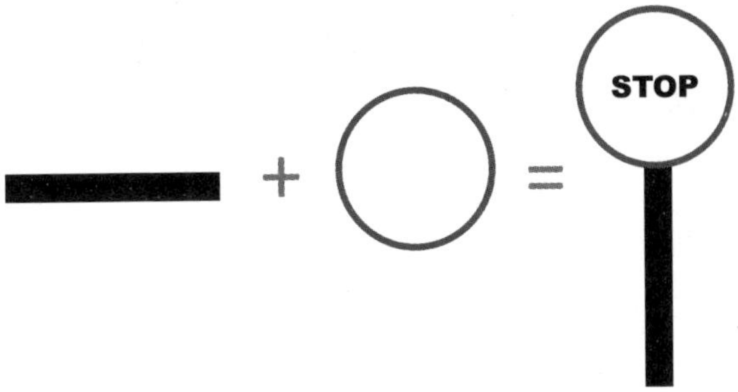

图12-8　用简单的图形组合就可以绘制出“STOP”路牌

（五）排版要整齐

解决了素材问题，现在就要在PPT中对你搜集到的一系列图片进行展示，你的做法是在插入几张图片后，再对图片进行对齐和排版吗？或者在PPT中做一个流程图，你会怎么做？选择“插入—形状”，然后去排列一堆基本形状和箭头吗？这样真的是太麻烦了。PPT自带的SmartArt工具可以帮你实现轻松排版。（见图12-9、图12-10）

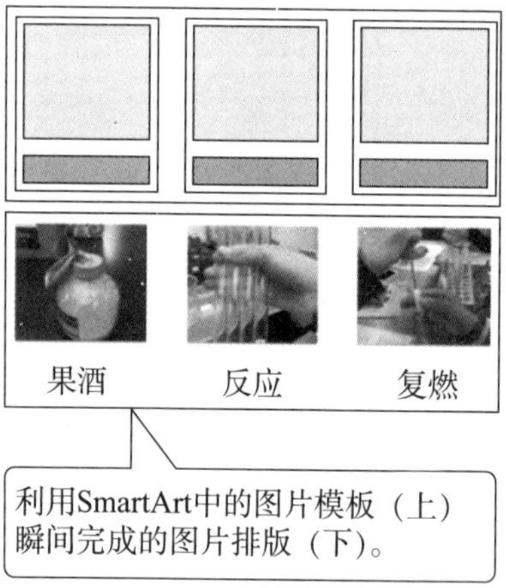

图12-9 利用工具实现图片快速排版

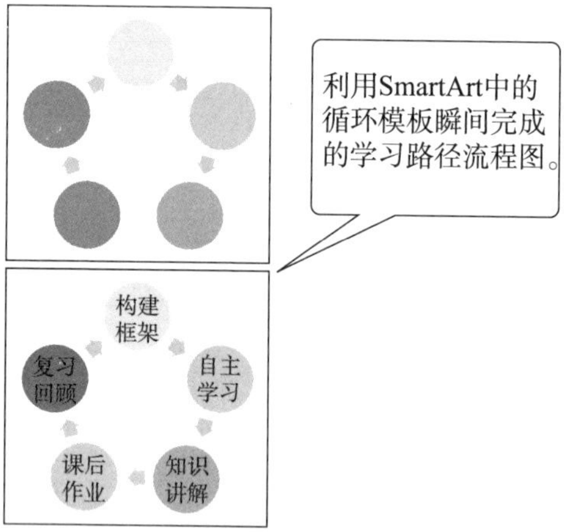

图12-10 利用工具完成流程图

制作适合学生学习的PPT要点小结

➢ PPT为学生而设计

- 吸引学生的注意力
- 激发学生的探究欲
- 符合学生的认知特点
- 满足学生的内在需求

➢ PPT 制作的要点

- 导入要新颖
- 内容要精练
- 字体要醒目
- 素材要合适
- 排版要整齐

13. 用信息技术助力课堂教学，怎么办？

聂璐

当前，移动互联正深刻影响着我们的日常生活，中学课堂也正在经历巨大变革，不再是一支粉笔走天下的时代。作为初职教师，你走进教室去上第一堂课时，会不会被爱玩手机的学生彻底打败呢？如果能在课堂中用好信息化工具，你可能就会打造出更加高效的课堂。

十一学校自 2015 年开始鼓励学生自带设备进校园，以更好地支持学生日常的学习、生活，各学科教师也都在探索适合本学科的信息化工具，以提升教学效率与教学质量。两年来，十一学校教师团队中涌现出很多技术达人，他们摸索出了众多适合教学的技术产品。学生最初只是体验新鲜感，如今则能够较为娴熟地使用手机、电脑等设备进行网上学习，体验着移动互联时代的新型学习方式。下面就让我带您领略一下十一教师的技术助力课堂吧。

一、批改作业和试卷也能瞬间完成？

初入讲堂，除了需要尽快熟悉教室的环境和电教设备外，批改作业毫无疑问是每个教师工作的重头戏。通过作业和测验，教师不仅能摸清学生对知识点的掌握情况，还能从中了解自己教学中存在的盲点。但是，每天都面对如小山般的作业或答卷，需要批改到深夜，会不会让人崩溃？在这个移动互联的时代，我们能不能从批改作业或试卷这项繁重而又机械的工作中解脱出来呢？

（一）善用问卷星

问卷星本是一款专用于做问卷调查的互联网应用，可以在网络中收集问卷，并自动生成图表，方便发布者进行数据分析。生物学科的技术达人们另辟蹊径，尝试借助问卷星来收发作业和进行随堂测试，让我们来看一下他们的具体做法。

[案例 13-1：吕俊鸟老师巧用问卷星]

“最早想到使用问卷星是因为有随堂测试的需求。课堂时间非常有限，如果使用纸质答卷，教师根本无法快速了解所有学生的测试情况。我想：是否能够借助一些互联网产品来收集学生答卷、快速统计答题结果？于是，就在网络中搜索，结果发现一款名为问卷星的产品能够实现类似功能，就开始在课堂中进行尝试。”

经过一段时间的摸索，吕老师发现问卷星非常适合用于课堂前测。教师在课前设计好问题和答案，课上学生使用手机扫描专用的二维码，即可开始答题。当学生完成作答时，点击提交即可知道自己的得分。与此同时，所有学生的答题结果都被推送到了教师界面，教师可以查看每个学生的答题情况，以及全班学生的作答统计结果，从而明确本节课的教学重点。整个过程用时不超过 5 分钟，大大提高了课堂测验的效率和效果。

之后，吕老师还将问卷星推广到了日常作业，以及学生信息收集、意见反馈等工作中，都收到了很好的效果。如果说问卷星的缺陷在哪里，那就是无法帮助教师批改主观题，但它能够将学生的作答信息收集到一起，在一定程度上为教师批改打好了基础。

借助专业小工具，教师就能够有效缩短批改时间，还能借助数据统计功能，从宏观上把握学生的认知水平，明确教学的重点、难点；学生也能够在完成作业后，快速得到反馈信息，明确自己的易错点。

（二）搞定猿题库

说完令教师们头大不已的批作业环节，下面再谈一个拥有更高技术含量的问题——如何出作业。

对初职教师而言，教学时首先要对教材有准确的把握。在布置作业时，除了教材的配套练习外，如何能够从浩如烟海的资料中，筛选出符合学生认知水平的题目呢？

当前，社会处于大数据时代，教师在教学过程中积累了丰富的大数据。我们是否能够找到一款应用，通过分析学生的个人特点、答题情况等大数据，来帮助我们制定分层、分类的作业方案呢？

[案例 13-2：赵通老师巧用猿题库]

历史学科的赵通老师是一个技术控，他一直在寻求这样一种工具，直到他遇到了猿题库。

猿题库是一款知名的题库类软件。题目丰富是这类软件最大的优势。针对教科书中每一节的内容，软件都提供了充足的配套练习题。赵老师每次布置作业前，都会浏览猿题库推送的相关习题，并根据学生的课堂表现选取适当的题目。

完成题目的选择后，赵老师只需选择要推送的教学班，即可完成布置作业环节。学生的手机中会收到作业，他们在教师设定的截止时间前，可以选择任何地点和时间完成作答。赵老师也可以随时在软件内查看作业的完成率以及正确率。

除了常规的“统一出题”外，猿题库还提供了更加个性化的“1 对 1 出题”功能。在使用一段时间猿题库后，学生便在软件内积累了丰富的答题“大数据”。软件可以智能分析学生的答题情况，从而对每个学生进行能力画像，明确他们的薄弱环节。之后教师在布置作业时，只需选择出题范围和数量，系统即可自动从题海中找到适合不同学生的题目，实现 30 名学生、30 份不同作业的个性化作业。

除使用猿题库布置作业外，赵老师还研究出一些高级的用法。“历史学科与其他学科有一个很大不同，在于历史发生了就是发生了，不能靠想象去假设，只能用史料去实证。所以，在教学中，寻找适合学生阅读的史料就成了一个问题。幸运的是，猿题库中拥有丰富的可用素材，非常符合当前学生的阅读能力和认知水平，将这些素材用于教学，非常方便。”

（三）玩转极课

如果说作业和随堂测试是教师和学生每日的练兵场，那随着练兵时日的增长，你可能渐渐就会发现每个士兵都极为个性化，他们有各自擅长的招式，也有非常薄弱的地方，并且每个人的练习状态起起伏伏，更恼人的是，很多家长较为敏感，学生成绩稍有风吹草动就电话“问候”。

作为初职教师，你是否迫切需要一个能够连通教师、学生和家长的工具？借助这个工具教师能够查看学生的学习曲线，如有异常，可以将学生添加至特别关注，以密切关注学生的各项记录；学生能够生成个人的错题本，方便考前复习和巩固；家长不仅能够收到孩子的成绩动态，还能看到科学、合理的提升建议，以做到心中有数。如果你有这个需求，下面的例子说不定就可以帮到你。

[案例 13-3：孟佳音老师巧用极课]

数学学科的孟佳音老师正在尝试一款名为“极课”的软件。“极课是一套学生学业采集和学情追踪反馈系统，首先采集学生平时的作业、练习和考试、测验的信息，然后利用大数据和云计算技术极速分析出学生的薄弱点、优势点，提高教师教学效率和学生学习效率，使教学更有针对性，有效提高孩子成绩。”极课如此介绍自己。

在极课的设想里，教师、学生、家长都扮演着非常重要的角色。极课会告诉教师哪些题是错误率高的，哪些学生的成绩出现了波动，有哪些知识点掌握得有所欠缺，教师可以根据这些基础数据给学生布置有针对性的订正作业。极课还会帮助学生收集和整理错题，支持学生自主添加错因标签和备注。极课还能第一时间把成绩报告单推送给家长，让家长不去关注名次，而是关注孩子真正的薄弱环节，还会给家长提出有针对性的建议。

回想一下你的中学时代，有没有觉得现在的教师是多么幸福！赶紧挑选一款软件去收发作业吧。相信有了这些工具的帮助，学生一定会爱上学习的。

二、我有微课我怕谁！

你是否总觉得课堂 45 分钟不够用？明明还有很多没强调的重点，或是没有讲完的问题，却没有机会在课后补充给学生。如果你有这些疑问，那你可能就需要关注一下当前正在快速普及的微课。

（一）如何制作一段微课？

微课，顾名思义，是一段短小、精悍的视频课程。很多教师会录制一段视频，用于讲解课堂重点和难点，以方便学生课前预习、课后复习。但是，对教师而言，制作一段微课有时并不是一件容易的事：应接不暇的专业名词、眼花缭乱的软件功能，是不是让你有些不知所措？下面的例子可能会给你一些帮助，只要你会使用白板，半小时就能轻松制作一段微课。

[案例 13-4：李春宇老师巧用微课]

物理学科的李春宇老师曾为给学生答疑的问题苦恼了很久。最多的时候，李老师一个人带了 7 个教学班，每天课后，学生都会排起长龙，等待答疑。一段时间后，李老师发现学生询问的问题大都类似，为了节省时间、提升效率，李老师总结了学生遇到的共性问题，尝试录制微课，让学生自行观看。这有效缓解了学生排队等待答疑的现象。

当问及录制微课的工具时，李老师推荐了 Explain Everything——一款在 iPad 上使用的白板类应用。“因为 iPad 已经集成了摄像头和麦克风，无须任何其他工具，教师只需在 APP 内创建一个白板，然后在白板上一边写字一边讲解即可。在录制过程中，教师还可以随时插入图片或者视频片段，十分方便。这样一来，制作 PPT 的环节都省了。最难能可贵的是，使用 Explain Everything 制作微课，就好像在教室里用黑板上课一样，很快就能上手使用。”李老师这样说道。

后来，李老师发现这些微课不仅适合答疑，还可以用于更多的教学环节。比如，在实验课之前，录制一段“引子”微课，就能激发学生的想法，为课上设计实验打开思路，以避免无的放矢；在进行单元总结时，可以录制一段微课，囊括日常学生录制的视频或者教师的“随拍”，帮助学生回顾、小结。

其实，如果你已经制作了课堂教学用的 PPT，不妨试试 PPT 自带的录屏功能，无须任何外接设备，就能快速地录制一段 3—5 分钟的微课。具体做法非常容易，只需“百度”一下，答案就来啦！

（二）微课录好放在哪里？

在教学过程中，会逐渐积累出越来越丰富的微课资源。但是，如何才能更好地把这些倾注了教师心血的微课传播给学生呢？这是一个让人头疼的问题。下面有三位老师分享了自己的高招。

1. 百度网盘

[案例 13-5：谭凌鹰老师巧用百度网盘]

技术学科的谭凌鹰老师教授的课程为 3D 模型设计。这门课的教学重点是，帮助学生快速掌握 3D 设计软件的基本操作。在实际教学过程中，她发现班上学生的学习速度有很大差异。为了让进度慢的学生能有机会反复观看操作过程，提高学习效率，谭老师针对软件中的每个工具，都录制了一个说明使用方法的微课。

微课录好后，如何方便学生查找和获取自己需要的资源，成了接下来要面对的难题。

“网盘！”这是出现在谭老师脑海里的第一个念头。网盘就像一个无处不在的移动硬盘，无论身处何方，只要有网络就可以访问。另外，网盘还支持搜索功能，学生可以根据工具的名字快速查找对应的资源，使用体验非常好。经过一番摸索，谭老师锁定了百度网盘。因为除了提供充足的存储空间外，百度网盘还支持数据加密，在一定程度上保护了知识产权；同时，百度网盘支持多媒体资源的在线预览，无须下载即可使用。

随着上传内容的日渐丰富，谭老师发现了一些更有意思的用法，网盘居然还可以用来收作业。她为班里的学生申请了一个公共网盘，要求学生将自己的作业提交到网盘中，每期作业一个文件夹。这激起了学生比拼完成速度的兴趣，谭老师还能通过手机客户端随时查看学生的完成情况。现在，谭老师的网盘已经积累了众多往届学生的作品集，俨然成了一个 3D 作品小宝库。

“不过，公共网盘的使用还是存在一些问题的。”谭老师毫不避讳地说。缺乏权限控制的网盘，使得每个学生都可以随意修改和删除别人的文件。“除了和学生明确使用规范外，教师最好定时做一下备份。如果发生意外，可以尝试利用网盘的搜索和回收站功能，尽可能找回受到影响的文件。”

2.“B站”

[案例 13-6：陶若婷老师巧用“B 站”]

生物学科的陶若婷老师除了上课之外，还有另外一重身份——她是一名B站的UP主。B站是网友们对bilibili弹幕视频网的爱称，通过B站发布视频的人被亲切地称为UP主。作为国内主要的二次元文化聚集地和视频弹幕技术的发祥地，B站深受年轻人的喜爱。他们有多喜爱呢？据陶老师说："即使是班上不爱说话的孩子，一听说老师要打开B站看视频，也会两眼放光，变得兴奋起来。"

生物学科描述了很多微观世界的现象，课堂中，单靠语言和静态的图片，很难让学生有直观的认知。陶老师在国外网站中搜罗了一些视频来辅助教学。这些视频大都通过动画的形式，动态展示生物现象，深受学生的喜爱。

随着视频的增多，陶老师想到可以将资源上传到视频网站中，方便学生随时随地反复查看。这时，不播放任何广告的视频网站——B站，就成了她心仪的平台。

陶老师找到的视频资源大多是纯英文的，没有任何字幕。令陶老师没想到的是，视频上传到网络中不久，就有很多"野生字幕君"（热心网友）运用弹幕技术，为陶老师上传的英文视频补充了中文字幕。陶老师也开始尝试在弹幕中与学生互动。这种做法让学生觉得新奇，陶老师自己也乐在其中，B站让教与学都变成了一件好玩儿的事儿。

3. 微信公众号

[案例13-7：章异群老师巧用微信公众号]

微信应该是我们每日使用最频繁的APP了，能想到用微信公众号来进行教学，化学学科的章异群老师是十一学校的先行者之一。打开手机微信，搜索公众号"一群化学"，你就能窥见章老师的化学世界。这里有微课，有闯关挑战，还有章老师的教学感悟。在公众号里，你只需输入像

"芝麻开门"一样的神奇口令，丰富的化学资源就能立刻呈现在眼前。

章老师一直希望能够利用课外时间，为不同层次的学生提供系统化的学习资料，满足他们预习、复习和扩展学习的需求。她接触微信公众号后，便尝试创建了一个，从最初上传几个实验的学习视频，到现在已经逐步建立起成系列的资源。教师微课板块里，附上了对应教材知识点的配套实验视频和相关拓展知识；偶尔推送的化学小故事，让学生意识到除了应对高考外，化学也很有意思。学生板块推出了一些优秀的学生作品和趣味闯关大赛。教育随想板块陈列了章老师关于教学的所思所想，值得慢慢回味。

微信公众号属于新媒体，它不仅可以作为知识沉淀的平台，还可以成为师生互动的新渠道、志同道合者的会客厅。越来越多的教育同人通过公众号集结在一起，他们群策群力，努力为学生奉上更多实用的教学资源，希望有朝一日你也能成为其中一员。

上面提到的几种小工具，不仅形式新颖，传播速度极快，使用起来也特别简单，还很符合学生的胃口，赶快尝试一下吧。

三、让学生互动起来！

除了教与学，同伴之间的互动也是学校教育中不可或缺的环节。相较于传统的小组讨论，还有哪些新颖的工具，能够实现类似的功能呢？

（一）微信群

给教学班建立一个微信群，已经成为众多十一教师的选择。教师可以在微信群里抛出一个问题，让学生发表自己的言论；也可以分享一些课程资源，方便学生随时随地查收。如此，即便学生请假在家，也能够参与到课堂教学的实时互动中。

除了微信群，很多即时通讯软件都推出了群组的功能，您可以根据实际需要，选择一个合适的平台，为教学班的互动、交流提供基础。

（二）豆瓣小组

当前网络上有很多人气颇高的问答网站，比如知乎、豆瓣、果壳等，数以万计的用户会在这些平台上发表问题、分享见解。我们是否能够在这些网站中，打造一间电子教室，方便学生自我展示和交流呢？

［案例 13-8：石昭慧老师巧用豆瓣小组］

“书是阶梯，但它不是让我们通向名利的梯子，而是让我们越过高墙，看得更远。”从事语文教学的石昭慧老师，在自己创建的豆瓣小组中，写下了这样一句话。

石老师喜欢用读书会的形式组织学生去感受文学的美好，激发学生对语文学习的兴趣。在读书会上，有时学生会完成一些精彩的分享，有时学生会对一个话题进行激烈讨论。但是讨论过后，如何才能留存这些美好的内容呢？另外，办读书会经常会受到时间、空间的制约，如何才能让每个学生都有充分表达自己的机会呢？为了解决这些问题，石老师另辟蹊径，尝试将读书会搬到网络中，在豆瓣小组中创建了一个名为“美考考的理想国”小组。

相比面对面交流，在网络环境中，学生更容易放下负担，和教师进行平等交流。毕竟，安静地呈现在屏幕上的文字，不会要求你立刻给出答复，从而能给予人们更大的思考空间。从读书笔记到影评游记，学生在这个理想国中无话不谈，擦出了很多思想的火花。还有学生大胆地表达自己成长中的迷茫，甚至有学生在小组里发文称自己并不喜欢语文。石老师看到后不火也不恼，用一篇篇优美、充满力量的文字，尝试去化解所有的不解和困惑。你也会看到小组内的其他学生活跃在回复里，金句频出。相比其他论坛类的网站，这也许就是豆瓣小组特别的气质吧，有那么点儿文青，有那么点儿乌托邦。

石老师说："阅读和写作本身就是语文教学中最重要的技能，豆瓣小组给了学生把学到的技能应用到现实中的机会。除了应对考试，学生还学会了用文字去表达自己的思想，也让我能更加接近那么多可爱、纯真的本心，这是作为一名教育工作者最幸福的时刻。"

豆瓣小组这个平台，为教师和学生提供了更加丰富的交流方式，还为学生提供了一个自我展示的空间，能够帮助教师更加深入地了解学生。

四、找到一个 APP

介绍了这么多通用工具后，接下来为您介绍几个有学科特色的大杀器。

（一）电子词典哪家强？——语文特色 APP

在学习语文知识的过程中，学生经常需要查阅字典。但是走遍校园的每个教室，你很难发现学生背着字典来上学的场景。取而代之的是，每个学生在手机或 iPad 中安装了名为"快快查字典""古诗词典"的 APP，每当遇到生僻字时，只需在 APP 中搜索一下，就能快速获取相关字词或者诗句的释义，效率实在太高了！

除了这些词典类 APP，十一学校的语文老师最近又发现了一个神器，可以较为方便地把考卷中的优秀作文录成电子版。这个 APP 是什么呢？

[案例 13-9：罗寰宇老师巧用讯飞输入法]

语文学科的罗寰宇老师在刚结束的期末考试中，发现了三篇优秀作文，她想要把这些作文录成电子版，方便留存和分享给学生。然而学生的笔迹龙飞凤舞，任何厉害的工具都无法完全识别出来。但罗老师并不担心，因为她的手机中有一个宝贝可以完成这件事，这个宝贝名为“讯飞输入法”。罗老师只需在手机中打开一个文本工具，然后对着手机朗读一遍优秀作文，讯飞输入法就能将罗老师念过的文字，较为精准地转换为汉字。只需 20 分钟，罗老师便完成了三篇作文的转换工作，瞬间就用微信分享给了班上的学生。

你有没有很佩服罗老师的奇思妙想呢？输入法都能用于生成电子版作文了，你还有什么更加有趣的想法呢？

（二）作图与讲解，一个都不能少——数学特色软件

谈到数学学科的特色工具，近两年有一个网站特别火爆，那就是洋葱数学。洋葱数学是一款适用于初中生的在线学习工具。它最大的特色在于，并非单纯用例题讲解数学公式，而是通过一系列趣味视频来解释教材中的知识点。视频中间会穿插练习题，确保学生在理解一个概念后才继续观看视频，直至完全掌握课程内容。网站的界面设计很萌，较为符合广大“00 后”的口味。你也赶紧在浏览器中搜索“洋葱数学”试试吧。

除了最近兴起的洋葱数学，还有一个工具，几乎所有的数学老师都在使用，那就是——几何画板。几何画板是一个适用于几何和函数教学的软件，利用几何画板能够在短时间内快速做出各种图形，如简单的平面图形、勾股定理的动态模型、透视图形等。它的动画技术将会让学生更加直观地理解概念。

[案例 13-10：刘海东老师巧用几何画板]

数学学科的刘海东老师经常在课堂中使用几何画板，他认为借助这个工具，一些原本抽象的数学原理可以转变为直观的动画效果，帮助学生加深对概念的理解。这个工具不仅可以模拟知识发生的过程，还可以用于数学实验课中，让学生亲手制作图形，尝试探索出数学公式、定理。在学习知识的同时，他们还成功体验了一次当数学家的滋味，课堂因此变得妙趣横生。

（三）听说读写，全面加强——英语特色 APP

在移动互联时代，英语学科可谓受益颇多。市面上层出不穷的英语学习APP，在一定程度上改变了当前英语教学的方式和方法。扇贝单词、沪江在线听写、盒子鱼等众多应用都跻身十一学校的英语课堂中，成为最受学生欢迎的 APP。

[案例 13-11：吴洋老师巧用扇贝单词]

借助扇贝单词这个 APP，英语学科的吴洋老师从单词的听写者，华丽转身为单词打卡的管理者。使用扇贝单词前，英语老师的一个重要任务是进行单词的听写，确保学生掌握足够的词汇量。但在一个教学班中，每个学生的单词量差距颇大，统一听写耗时耗力，且不能满足学生的个性化需求。

于是，吴老师向学生推荐了一款名为“扇贝单词”的应用。在这个APP里，学生可以选择适合自己的词汇书（如四级词汇、托福词汇等），并且根据个人情况设定每天需要背诵的单词量。选择完毕后，每个学生只需要完成每天预设的单词量，即可在应用内“打卡”——表示今天已经完成任务。他们还能将打卡信息分享到微信群或者朋友圈中，方便吴老师查看。现如今，吴老师只需每天晚上查看学生的打卡记录，就能了解全班学生背诵单词的情况。

另外，为了提升学生的听力水平，吴老师向学生推荐了沪江在线听写网站。类似于扇贝单词，在这个网站中，学生可以根据自己的水平选择听力材料，而且完成任务不受时间和空间的约束。吴老师班上的很多学生受益匪浅，他们表示：“沪江听写在连读、辨别不同口音上给了我很大帮助！”“个人觉得我的听写进步了，好多弱读、连读等发音不清楚的地方我都能听出来了。”

（四）天气信息手到擒来——地理特色APP

地理学科与日常生活联系密切，网络上有大量APP从不同方面揭示了地理课程的知识。

[案例13-12：韩英老师巧用地理学科APP]

地理学科的韩英老师可谓APP教学的专家，一提到技术助力课堂的话题，她首先推荐了天气通这款应用。这个应用几乎囊括了“天气”这堂课要学习的全部知识点，比如天气、气温、湿度、气压等。课堂教学时，韩老师会给学生布置一个小任务，询问学生最想去旅游的城市，然后让他们列出目的地的天气情况。通过类似的任务驱动式学习，学生很快就能掌握原本需要教师讲述很久的枯燥概念。

讲授“我国的行政区划”一课时，韩老师运用了地图类的应用。打开高德地图，在不同比例的缩放下，省、市、乡等内容一一呈现，学生可以很直观地了解我国行政区划的级别，以及不同级别的不同名称。

“中国地图”“中国地理测验”“趣味地图”等一系列小游戏，对学习我国省级区划有很大帮助。例如，“中国地图”是一个拼图游戏，每当点击每个省份的拼图块，就能看到有关省份的介绍。这种寓教于乐的形式，让学生在玩中学到了丰富的知识。

（五）每天编程一小时——信息技术特色网站

编程之于信息技术课程，正如拼音、笔画之于语文，加减乘除之于数学，是一切“上层建筑”的基础，更是教学过程中的重点和难点。繁杂、抽象的处理逻辑、近乎无情的语法要求、极度陡峭的学习曲线，把学生挡在了开发之路的起跑线上。

如何才能吸引学生的兴趣呢？所幸已经有众多“先贤”做出探索。有人提出“编程就是游戏”的说法，把目标锁定在了游戏化教学上；有人提出“编程就是搭积木”，研发了直观的拖拽式编程。殊途同归，当“让编程有意思”成为大家的一致追求时，Code.org 应运而生。

[案例 13-13：聂璐老师巧用 Code. org]

信息技术教师聂璐尝试在课堂中引入 Code.org 网站，学生可以直接在线完成丰富而有趣的编程课程。以 CodeCombat 为例，学生进入后可以扮演一个拯救世界的勇士，通过装备不同的宝物，就可以获得不同的技能（所谓的技能就是“函数方法”），通过组合技能（相当于算法）完成游戏任务即可获取金币和经验。在这个网站上，学生不但可以比拼等级，还可以在线比拼，通过优化算法获取胜利。在学生玩耍的同时，编程知识潜移默化地深入心底。

在飞速发展的信息时代，“楼上”的各位老师已经踏出了自己的探索之路。其实，能够用于提升课堂效率的信息化工具非常多，而且还有很多即将诞生。它们都等着您去发现、探索。不知道各位初职教师有没有手痒想立刻试试呢？希望您也能早日成为信息技术助力课堂的高手！

第四辑

角色转变篇

怎样才能快速融入新团队？怎么才能顺利实现从好学生到专业人的转变？怎样才能管理好情绪？……

14. 想快速融入新团队，怎么办？

张珊

成为初职教师，意味着由学生向老师的身份转变，从此，我们不仅要走上讲台肩负起传道、授业、解惑的使命，在日常教研活动中，还要与比自己年长的成熟教师共事。此外，各学科都有教研组，每周至少有一次在一起交流、备课的机会。

在这个过程中，作为团队的新成员，我们应该做些什么呢？我们真的能适应新角色吗？我们应该怎样和团队的其他成员交流呢？集体教研的任务我们应该怎样参与呢？想到这些，内心不免忐忑。作为初职教师，你能不能快速融入团队？能不能找准自己在团队中的定位？能不能和人愉快相处并合作完成工作？……下面的内容一定可以给你带来一些启发。

一、善用团队资源

（一）入职接待与团队活动

一般情况下，在初职教师正式来学校报到入职的当天，学校都会安排热情而有经验的人力资源老师及相关年级或学科的主管来接待，并将他们正式介绍给团队的其他老师。这种郑重的欢迎仪式，是为了让初职教师享受主角的待遇，使他真切感受到自己是受新团队欢迎的。从这时起，他就真正成为团队的一分子了。这种欢迎仪式，往往能够让初职教师对团队充满归属感，更快地融入团队。

学校还会组织素质拓展、迎新酒会等活动，以便初职教师在拓展活动中迅速了解彼此，并对所在团队的团队文化有一定认识。毕竟，同期入职的初职教师，开始工作后，肯定还会有很多一起参与的培训等活动，并且往往会经历相似的职场困惑。这个时候结识的朋友就可以互相鼓励，共同努力走向自己的职业目标。

初职教师所在的年级，会在学期开始召开全体教师会议，正式欢迎与介绍初职教师，欢迎他加入年级教师团队。平时，年级有茶歇、出游等活动，初职教师可以多参与。茶歇的气氛通常十分轻松，大家可以一边吃些水果，一边分享教学和生活上的困惑，初职教师从中不仅可以获得思想上的启发，还能认识很多不同学科的优秀老师。年级出游时，也会组织一些拓展活动，以便让大家在活动过程中更深入地互相了解。“三人行，必有我师”，认识年级的各学科优秀教师并向他们学习，能让年轻教师获得较快成长。

学科教研组基本上每周都有集体教研活动，老师们会就教研内容侃侃而谈、认真争论，和而不同的氛围与对问题的深入探讨，对初职教师接下来的教学有直接指导作用。而初职教师在读研、读博期间的学术积累，也使他对某些教学内容有自己的看法，因此，在教研组内部他可以大胆发表自己的看法，在探讨的过程中与教研组成员深入交流。

想要初职教师快速融入团队，学校、年级、教研组、初职教师应该共同努力。学校应该为初职教师准备足够郑重的欢迎仪式，年级应该为初职教师准备足够热情的介绍活动，教研组应该为初职教师提供安全表达自己和学习的重要平台，而初职教师自己则应该主动调整心态，多参与、多观察、多思考、多提问，增强主动性，尽可能充分利用学校、年级、教研组为自己提供的资源。这样融入团队也就自然而然、水到渠成了。

（二）初职教师培训

每个学校或学区，都有针对初职教师设置的具体培训。通常是一周一次或两周一次。十一学校初职教师的培训课程是由学校教育家书院组织的。第一期培训会系统向初职教师介绍学校、部门、学校文化、规章制度等内容，以便初职教师对学校的组织架构与团队文化有足够了解，也为初职教师规划和设计自己的职业发展提供一定参考。之后的培训，教育家书院则会延请学校不同年级、不同学科的优秀教师进行教育、教学经验分享。教学内容不仅具有本学科特点，还可以跨学科借鉴，是成熟教师数十年积累的宝贵经验和教训，初职教师一定要积极参加、认真聆听。初职教师不妨将从培训中学到的一些工具和妙招运用到自己的课堂上，结合自己的教学特点和教学环境调整、转化，充分利用团队培训提供的思想资源，助力自己的成长。

此外，十一学校的教育家书院，还会定期组织全校教师均可参加的读书沙龙、教学沙龙、团队建设沙龙等方面的分享会以及各种主题的讲座，初职教师最好积极参加。化学学科的郑弢老师在入职初期，每一期读书沙龙、教学沙龙等分享活动都坚持参加，结果在较短的时间内就快速成长起来：不仅摸索出自身的教学风格，极大提高了课堂效率，还迅速由初职教师成长为骨干教师。郑老师成长速度如此之快，重要原因之一就是他选择真正融入团队并善用团队培训资源。

（三）学会向教学师父学习

很多学校都会为初职教师安排教学上的师父，十一学校也是如此。平时，初职教师要多听师父的课，有困惑时要及时和师父交流。当然，有什么做得不恰当的地方，师父也会随时提醒、帮助改正。这样安排对新教师迅速掌握专业教学技能、不断提升自己的课堂效率和日常工作能力是有极大好处的。有了教学上的师父，初职教师可以不断地在安全的地方暴露自身的问题，可以和师父面对面地交流、探讨、求助，从而获得较快成长。这也是初职教师走入职场后，再次享受学生身份的美好时期，初职教师应好好珍惜。这里给出新教师向教学师父学习的几点建议。

1. 尊重师长，多方面学习

教学师父不仅有丰富的教学经验，更深谙教育心理学，懂得与学生相处的技巧，并极具生活智慧。初职教师可以从专业知识、教学理念、育人技巧、生活智慧等多方面向师父学习。人伴贤良品自高，靠近并模仿优秀的师父，是迅速提升自己的捷径。

2. 听从建议，积极实践

教学师父出于关心和指点的目的，往往会针对初职教师自身的特点提出一些中肯建议。但教学师父也有自己的工作，不可能随时监督初职教师。初职教师要发挥自觉和自律精神，主动按照教学师父的要求去做，多听课，多思考，多实践，反复请教，不断打磨自己的教学状态。

3. 真诚交流，落落大方

初职教师刚刚走上教学岗位，往往会遇到不少问题，出现不少失误。这时候，千万不要讳疾忌医，隐瞒小错误往往会造成更大的错误。教学师父作为过来人，对初职教师的错误大多是持包容心态的，并不会严厉指责。因此，大大方方地向教学师父求助，往往会事半功倍。只要真诚、敬业，知错能改，教学师父一定会给予帮助和鼓励。

4. 投桃报李，发挥自己的优势

初职教师向教学师父学习受益匪浅，作为回报，初职教师也可以利用自己的优势为教学师父提供一些助力。比如，多跑跑腿取教学用品，勤快一些布置教室，组织学生保持教室卫生，及时整理图书、教具，等等。此外，年轻教师的电脑、手机应用技术往往要强一些，初职教师可以主动帮师父解决信息技术方面的问题，或分享一些自己在操作方面的小技巧。

二、自我调整

（一）调整心态，主动交流

在团队为初职教师提供丰富成长资源的同时，初职教师也应该主动调整心态，尽可能快地融入团队。

刚刚踏入职场，面对的同事都是比自己年长的老师，也许会有些沟通障碍，初职教师担心自己进退失据，甚至手足无措，这都很正常，不必过于紧张。因为所有成熟教师都是过来人，而且长期和学生相处，具有耐心、包容心等，真正和他们交流起来实际上是很愉快的。初职教师可以放松自己，主动交流，多替对方着想，多和对方沟通，慢慢地就会相处自如了。当然，如果你觉得面对面交流实在有困难，就可以借助网络进行交流。慢慢参与到团队活动中，逐渐展示自己的个性，一方面可以享受团队的助力，另一方面也

会感受到团队的接纳。

性格内向不是减少参与团队活动的借口。内向的人或者会羞涩、寡言，但同样可以积极参与到学校、年级或教研组组织的各种聚会、团建活动中来。团队中有各种性格的人，有喜爱张扬自我的，有喜爱领导大家的，自然也有喜欢静静参与的，只要你打开心态，即使内向、羞涩，同样可以在团队中找到自己的位置。健康的团队文化就是兼容并包的，初职教师不必要求自己刚到一个陌生团队就能“八面玲珑”。毕竟，决定加入一个团队后，初职教师会和团队成员相处很长一段时间。时间长了，大家自然就能相互了解。所以，最初，初职教师不必扭曲自己的本性，只需自自然然地加入团队中来，慢慢地总会找到自己的角色和定位。自己不累，大家欣赏，这才是团队合作的最佳状态。何况，在一次次活动中，初职教师可以多听多看，了解团队文化及不同团队成员的个性，这些都将为之后的工作和合作提供一定便利，也方便初职教师更深入地融入团队。

（二）谦虚与礼貌

或许你在学习上和学术领域能力很强，对自己的学术能力十分自信，然而“三人行，必有我师”，到了一个新的工作环境里，请你保持谦逊、求知的工作态度。每一个健康的团队中，必然有不少优秀的成熟教师，而他们有十几年或几十年教学经验，有无数宝贵财富等着你去学习。初职教师，在对学校基本情况和自己所在教学岗位基本教学业务都没有了解清楚的情况下，便急于展现自己的专业技能，并不明智，反而容易弄巧成拙。初职教师的专业知识，只有在充分了解教学环境的基础上，才能转化为更大的教育生产力，否则会很容易因为“水土不服”而导致“嫁接失败”，甚至导致初职教师在教学上故步自封、自我设限，影响职业发展。在初期，初职教师不妨低调一些，先吸取外界养料充实自己，再在恰当的时机让自己的专业能力恰当、妥帖地展示出来，或许这才是追求卓越发展的合理方式。

（三）不懂就问

初职教师刚刚步入教学岗位，对许多内容都会感到陌生，诸如学情分析、教学设计、学生的最近发展区等，只是了解，尚未做到，又何谈有所作为呢？这时候，初职教师主动选择与团队中有经验的成熟教师交流，可以少走很多弯路。在日常工作中遇到难题或是拿不准的问题时，初职教师千万不要不懂装懂，也不要怕别人嘲笑自己，毕竟比起做错事来这些都算不了什么。团队的老教师长期和学生相处，包容心、耐心和教育方法往往都是一等一的好，也知道新教师会遇到很多问题，只要你态度诚恳地向他们请教，往往就会事半功倍——不仅能够顺利解决问题，不会耽误工作的深入开展，还可以借此增进与团队成员的感情。

（四）请教之前做功课

不懂就问固然是好习惯，但初职教师也应该警惕自己成为“伸手党”，因为凡事必问也会引起团队成员的反感。网络为初职教师自我学习提供了很大便利，在请教团队成员之前，不妨先去百度、学校培训文件、内部办公系统中搜一搜，或者阅读学校提供的相关文件和指南，基本可以解决大部分问题。剩下的内容，自己也可以多思考、多查阅，试着解决一下。实在解决不了的，也不要鸡零狗碎地反复骚扰成熟教师，在请教之前应尽量对自己的问题做一下分类和归纳，等团队成员不太忙时再集中请教，或是提前预约一下访谈的时间。这样不仅可以使交流更高效，让自己获得较大收获，还能赢得成熟教师的好感。想要当“可教”的“孺子”，不仅需要较高的悟性，也需要提前做好功课，看准时机再行动。

此外，这种提前做好功课的行为，也是尊重他人的表现。毕竟，大家都很忙，在尽量不打扰他人工作、不占用过多时间与精力的前提下请教他人，是初职教师职业素养的体现。尽管大部分初职教师都更在乎专业知识与核心技能的提升，但事实上，在有更丰富工作经验的职场人看来，积极的职业态度、良好的职业习惯却是职场新人需要具备的重要素质。养成良好的请教习惯，才能帮初职教师在团队中赢得更多欣赏与善意。

（五）双向交流更持久

初职教师固然有许多教育、教学方面的困惑要向有经验的成熟教师请教，但作为经过一定学术训练的毕业生，初职教师也有自己的独特能力和特长。随着工作的开展，初职教师在认真工作的同时也可以逐渐展现自己在教学工作上的专业性与不可替代性。这时候，初职教师可以在与别人交流的过程中，分享自己的观点和看法，逐渐获得其他团队成员的认同。当初职教师与成熟教师建立起双向交流，让成熟教师觉得与他交流同样很有收获、很有意思的时候，才是初职教师真正融入团队的时候，也是初职教师与团队成员建立起真正连接的时候。当然，这是以初职教师不断打磨自己、快速适应团队文化、锻炼出自己的教学风格为前提的，是需要初职教师不断努力才能实现的目标。

三、专注工作，提升自己

（一）做好本职工作

对初职教师来说，融入团队固然重要，但想要在团队中有一席之地，最重要的前提是要做好自己的本职工作。毕竟加入团队，是来完成工作的，而不是来交朋友的，所有的团队感情都是建立在工作合作的基础上的。如果基本的工作没有完成，不断拖团队的后腿，还不知道反思自己的教学能力，只是一味地跟人套近乎、耍小聪明，就会惹人反感。在追求与团队成员融洽相处的过程中，初职教师也不能过于情绪化，因为情绪、喜好、性格而排斥某个合作对象，也是非常不职业的表现。乔布斯说过：“高品质的沟通，应该把注意力放在结果上，而不是情绪上。”初职教师应该多花时间来成长自己，少花时间去苛责别人，要专心做可以提升自己的事情，努力学习以拥有更多、更好的技能，成为一个值得交往的人。

（二）保持职业素养

初职教师在接到团队任务时一定要弄清楚任务要求，确保自己理解到位，尽量把布置给自己的任务清晰地记录下来，以避免自己走弯路或耽误工作。初职教师应按时、保质地完成自己的任务，并坚持自我学习，追求自我提高，不断加深自己对教育、教学的理解；在团队合作中，也要学会和不同性格、不同风格的同事相处；不要成为只关注结果而不关注提升的人。初职教师在向人请教后一定要认真反思，适当地做笔记，以方便日后深入领悟。而对自己擅长的内容，初职教师平时可以多分享，打开格局，对自己的资源不必藏着、掖着。一个人的魅力和精力是有限的，健康的团队发展需要建立起连接，将自己变成一个节点去连接众多优秀的人，是在团队中树立自己不可或缺地位的不二法宝。

（三）先理解再超越

有的初职教师在入职前，可能在其他岗位有过一定的工作经验，进入新环境后，不妨先清空自己，时刻警惕已有知识的局限性，做好应对环境变化的心理准备。想要彻底融入新团队中，初职教师应该本着“先理解再超越”的原则，逐渐了解学校、年级、学科的运行流程和具体结构，慢慢找准自己的定位，而不必着急做出什么巨大功绩，要多听、多看、多想，别被既定思维局限。了解才能理解，理解才能信任，信任才能影响，影响才能改变，改变才能超越，要循序渐进。

下面将本文的要点总结如下。

入职受欢迎，培训认真听。师父要尊敬，交流要主动。

谦虚懂礼貌，勤问巧倾听。问题可分类，笔记助反省。

贤良好相伴，众力向前行。做好分内事，能力要提升。

15. 从好学生到专业人，怎么办？

赵楠

刚刚离开大学校园的你，是因为怎样的机缘和动力来到中学当老师？相信你也和笔者一样，在确定了职业选择后，会听到身边的导师、亲朋这样说："一年三个月寒暑假，一天就站在讲台上上两个小时的班！"或是听到这样的寄语："教中学还不简单，你一定没问题！"

为了确定心中的选择，在某种程度上我们欣然默认了这样的说辞。不管是鼓励还是寒暄，这些话语都潜藏着至少两样危险：一是对中学教师工作缺乏深入、具体的了解；二是错把"好学生"直接等同于"好老师"。

正确定位教师职业、尽早完成角色转换，是教师生涯甫一开启最为重要的事项之一。

一、放下想象，尽快明确教师职责，适应教师角色，做"全能型"教师

（一）很轻松？讲台上一分钟，讲台下多少功！

能够将教师作为职业选择，说明我们当中许多人都是"读书种子"，善于

学习，勤于钻研。尤其是一些修习文科专业而非师范类学校出身的人，往往深受“得天下英才而教育之”的影响，对中学教师的工作充满了浪漫想象。这种浪漫想象还来源于另一重因素：感觉教师工作很简单。虽然我们熟悉校园生活，但读书时代对教师的具体工作却是陌生的。刚入职时，你往往会手忙脚乱地从想象中迅速回神，颇有些痛苦地开启角色适应与转换的过程。也许你想象中的教师生活，是像电影《蒙娜丽莎的微笑》中的茱莉亚·罗伯茨那样帅帅地讲课，没想到除了上课，你还需要花费大量时间、精力备课，参与学科、年级、学校、教委各个层级的教研活动；除了上课，还要给学生细致、到位地布置作业、批改作业，还要检测出题、批阅试卷，还要参加学校和区教委各式各样的职业培训；除了上课，还有非常重要的教育工作，所谓教书育人，你还要了解学情，和学生谈话，关注学生学习、心理与生活的各个层面，指导学生定位人生目标、做好学习规划；除了教书和育人，还有年级和学校的各项行政事务……工作如此繁多，加之先前对教师职业充满想象，刚入职的时候，你容易每天忙得焦头烂额，并且心理落差极大。

（二）有情怀？要仰望星空，更要脚踏实地！

教书育人，初职教师固然要有情怀，但必须尽快适应新生活，切实投入实践中。虽则走出象牙塔，走入中学校园，看似是从学校到学校，但我们的职业身份和社会定位已经发生了质的转变。

需要明确的是，无论从事什么职业，相应的职业培训、行政事务都是必不可少的，大可不必将其放大；再说，做教师并不是讨清闲，在实践中，中学教师的工作有许多特异之处，其工作合理是教学与教育、教书兼育人。为了做好这些，备课、教研、培训都必不可少；合理的作业、检测亦必须落到实处。中学老师同大学老师很大的一点不同，在于师生关系更加密切——在教课的同时，教师必须研究学情，建立亲密而合宜的师生关系，时刻给学生以指导、帮助。所有这些超越原来想象的事务，都是我们选择从事的中学教师之本职，并且与学习和教学息息相关，意义重大。

赵玉双老师是十一学校高二学部的化学老师、十一学校“巾帼标兵”。作为北京师范大学毕业的博士生，她一直踏实工作、认真观察、虚心求教，入职后迅速调整心态，顺利完成从学生到老师的角色转换。无论是授课还是担任学生导师，无论是为化学教研组制备教学实验药品还是负责学部的常规管理任务，赵老师都完成得非常出色。赵老师严格以教书育人为己任，平时除了细心登记学生的作业记录表和成绩单，还为每个学生建立了一份成长档案。成长档案的内容包括学生性格（多次与学生家长、其他任课老师沟通）、交往（观察、了解学生交往较多的同学都有哪些特质、他/她为什么能吸引这名同学）、学习品质、学习基础、执行力、未来规划以及学生的自我建构建议等，将教育、教学工作切实有效地落实完成。当看到孩子们越发懂事、进步时，她感受到了教育与陪伴的魅力。在这样细致的工作中，赵玉双老师对教师工作的意义有了切实、深刻的体会。

二、好学生≠好老师，学会教，做教育、教学领域的专业人

北京大学教育学院副院长刘云杉教授在谈及中国现代化历程中教师角色的演变时，用了“从启蒙者到专业人”这样的概括。在专著《从启蒙者到专业人——中国现代化历程中教师角色演变》中，刘云杉老师这样写道：

我以为“专业人”可以奉行责任伦理——心志伦理只关切“应为”，而责任伦理正视的是“能为”……作为一个专业人，要小心守护学术与教育的有效性范围，需要有一种具有相对自主性并且“价值中立”的学术，对所置身的世界，方能有所贡献。

扎实的学科素养、新锐的学术视野、与学生年纪相仿易“打成一片”是初职教师的优势，但如何从好学生成长为好老师、成长为真正的专业人，是每位初职教师走出象牙塔后必修的功课。

好学生的身份对从事教学工作自然有所助益，但好学生的经历容易使我们陷入对自己的学习过程的“成功叙事”，从而可能遮蔽我们在学习成长过程中存在的问题；而从学生到老师，最重要的节点是由学转变为教。对初职教师来说，比“我知道”更重要的是“我怎么让学生知道”。

（一）你很牛？不能掉以轻心！

从好学生到好老师，首先要明确教学目的和任务，切忌用“我很牛”来忽略教学与学习的过程，亦不宜拿“苦劳”来感动自己。很多初职教师会认为，自己扎实的专业功底足以应对十几岁的孩子，或觉得等自己教过一遍后，就可以一劳永逸不备课了。但稍加留意就会发现，越是资深的“牛”老师，越是认真准备每一堂课。教师每次备课就像演员准备一场演出，要在心中对45分钟内的动作、台词、情感投入、预期效果等方方面面，进行多次排练，即认真思考课前教学设计与课堂教学流程。

不少初职教师在第一堂课就会吃苦头，要么是因为想得太轻松，要么是因为准备得“太充分”——带着学院派写论文的架势，汪洋恣肆地讲开去，下课铃都打了还没切入正题。怎么办？教语文的我刚入职时就遇到过这样的困惑。有时上着上着课，发现学生有些内容没有巩固好，于是就分享起自己的学习方法，感觉才没说几句就到下课时间了；课程内容是“读书的方法”，可是我才像做文献综述那样刚刚梳理到朱熹和白鹿洞书院，就到下课时间了；教学内容准备得特别充分，到头来却发现只是“感动了自己”，学生听得云里雾里……我师父、语文特级教师闫存林老师向我指出，你需要让学生知道这节课要“干什么”、每一个教学环节怎么安排，学生也需要知道你在“干什么”。为此，闫老师教给了我一个切实、有效的神器——流程表（见表15–1）。它比教案简洁，一节课的教学目标、教学内容、重点、难点在表头写明，一节课45分钟分为几个环节，每个环节的大致时间，在这一环节中老师和学生分别做什么，一目了然。只要按照图表去做，教学效果通常都不错。

表15–1　闫存林老师送给初职教师把握课堂的秘籍：流程表

教学目标与重点、难点		
教学流程步骤 / 用时	教师任务	学生任务
1. 课前测验 + 讲解（6分钟）	发卷子 + 检查作业	按规定时间完成前测
2. 文章结构梳理（10分钟）	引导回顾 + 梳理总结	讨论完成老师发放的学案
…………	…………	…………

（二）学生太笨？他不是当年的你，你也有过类似的“小时候”！

从好学生到好老师，应熟悉教育学与教育心理学相关知识，切实把握学情与学生心理。面对学生“不会”的问题，除了“气愤”，更应当探究的是学生为什么“不会”——除了学生懒惰等个别原因，是不是你的教授方法没有足够适合学情？首先，你作为好学生自有一套奏效的学习方法，而每个学生的思维路径与学习习惯都是不同的，你的方法至多只能给学生以参考，而不能成为他们照搬的模板。其次，学生的身心结构和认知特点决定了他们与老师的某种差距，教学中必须注意阶段性，并抓住教育机会，利用好“最近发展区”帮助学生提升。如果你仔细回顾自己的学习过程，就会发现自己也错过许多题、迈不过许多坎儿，好学生都是一步步成就的，做好老师，正是要陪伴学生订正许多错误、迈过许多沟坎。比如，语文学科的老师容易惊讶于学生不知道“五岳”、不大懂《诗经》，感觉他们什么都不会。但其实大多数人，包括优秀的语文教师，大量的语文知识积累，都是在高中阶段完成的。最重要的不是说他笨，而是思考：他为什么犯这样的错误，他是怎么想的呢？这是摸清学情的大好时机。

对学生“怎么这么笨”的感叹，恐怕理科老师更容易遇到。十一学校初中数学组的刘晴老师刚入职时，就常常有这样的感受：讲过的知识点还会错？多简单哪，怎么能犯这样的错？……一次，在教工食堂吃饭时，她和同事说起学生连“一又五分之二”这样简单的分数都搞不清楚，好多学生竟然不知道那是“一加五分之二”还是“一乘五分之二”！一位资深教师说：“这是一个难点！”刘晴当时瞪大了眼睛说：“多简单哪！”那位资深教师随即告诉她：你觉得容易并不代表学生觉得容易，这种分数加减法学生初学时非常容易算错，因为他还不熟习法则，很容易直接拿三分之一去和三分之二相加减，而把“1”忘掉了；另外，别抱怨学生“笨”，你小的时候十有八九也在这类题上犯过难……一席话惊醒吐槽人，刘晴老师从此开始在批改作业和试卷时注意收集学生的易错习题，并汇集成“易错习题集”，她还经常和解题错误的学生谈话，关注他们解错的原因……刘晴老师通过诊断学生的错题，一点点积累学情认知，在教学上逐步站到了“怎么教”的正确位置，变得更加富于耐心，工作起来也做到了有的放矢。于是，她对学生的态度也从“怎么这么笨”变为“这个易错点竟然没错，真是太棒了”。现在，她已经可以信手拈来地告诉你初二学生在数学学习上容易犯的错误：不会做减法、减法不会去括号……还会体贴地告诉你，这些其实也是我们小时候学习过程中的难点，需要大量的讲解、练习和体会方能达成教学目标。

三、巧营供给侧，坚定职业信心，规划职业发展

（一）为啥当老师？想清楚了就大胆地往前走！

“你为什么当老师？”在从教生涯的许多节点，我们可能都会面临这样的“答记者问”或“扪心自问”。为了一个体制内的铁饭碗？为了能按时上下班？为了学以致用？为了自己孩子入学方便？……笔者在一次调研中发现，年轻教师容易抱怨自己的工作，常有离职的念头，特别是在工作中遇到挫折，或者评优评奖没有轮到自己，和同学、朋友对比感到自己薪资不够高、工作不够闲的时候。不耐挫折、心态浮躁等初职教师容易出现的问题，往往和教师职业理想与职业目标没有清晰树立密切相关。把这个职业想清楚，知道自己真正在乎、需要的是什么后，很多问题便可迎刃而解。

《礼记·大学》里说：“知止而后有定，定而后能静，静而后能安，安而后能虑，虑而后能得。”这句古训尤其适合选择做老师的人。每一种你所没有做出的选择，看上去都可能很美，但高薪、高位、清闲或其他什么，往往也伴随着你可能不愿付出的代价；而工作环境相对简单的教师职业所带来的专业成长感、育人成就感、对社会发展影响之深远，是其他行业难以比拟的。

如何因“定”而“得”，十一学校语文组的雷其坤老师深有体会。作为20世纪80年代中文系的“天之骄子”，毕业时雷老师有许多选择。但他却出人意料地选择到中学教书，因为他很清楚，自己喜欢做业务、写文章，而不愿疲于应酬。坚定了理想、信念后，雷老师一头扎进了语文教育之中，到现在已主编、参编图书三十多种，发表文章两千余篇，辅导学生发表习作与获奖人次数以千计。因为选择了教师职业，雷老师得以最大限度地发挥自己的专业特长，做自己感到幸福的事儿。多年来他坚持写“下水文”、和学生一起比赛写作，被学生尊称为“雷公”。回顾自己当年的职业选择、一路走来的教

学历程，雷老师深有感触。他清楚自己的个性、特长与价值追求，觉得教师这个职业对他而言具有无穷魅力。雷老师希望年轻老师们想清楚：自己想要的是什么？自己是否适合、是否有能力胜任教师工作？想清楚之后，就要定下心来，好好钻研业务，发挥专业特长与比较优势，经营自己的“供给侧”。

（二）咋当好老师？职业规划很重要，一定要做“有心人”！

在十一学校，初职教师也要指导学生确立阶段目标、做学习规划。那么，你是否想过自己的职业目标和规划呢？要做一名好老师，专业素质、教育学和心理学背景、沟通能力、教育智慧等都很重要，但更为重要的也许是你的职业目标与规划，因为目标和规划能让你有动力不断提高能力、发挥专长。

郑弢，十一学校化学教师，入职不到三年，年龄还不到而立，就被破格提拔为十一学校化学学科主任，高票当选十一学校教职工代表大会教师代表。郑老师是一个很“不一样”的年轻教师。这个“不一样”，并非他少年天才的经历、北京大学博士的光环，而是当别人抱怨“活儿多”时，身兼数职的他却说：要多做，要学习。入职之初，当大家还在兴奋或犹豫时，他就为自己设定了目标，希望在一年内至少能够在以下三个方面获得锻炼和提高：第一，精读《给教师的建议》，将其中的两种方法用于教学实践，并记录收获与教训；第二，参加全部七个模块的教学基本功比赛，提高自己的教学能力；第三，刻苦钻研，与学生一起成长和进步，成为一名合格的竞赛教练。他目标坚定、勤奋好学，师父王笃年老师将自己宝贵的教学资料和三十年教学经验毫无保留地与他分享，对他的教学基本功比赛给予了具体指导。郑弢老师还积极参加北京市海淀区进修学校新任教师培训以及其他教研活动，参加由教育家书院主办的新入职教师培训和各式各样的教育、教学活动，主要包括新入职教师专业技能课程培训、教学沙龙、教师互助中心以及名师大讲堂等，他从中深味为师之道，获益良多。

赛没白比。作为一名非师范类的毕业生，郑弢老师认识到与学科知识相比，教学能力是他亟待提高的。在第一个学期，他便参加了教育家书院组织的全部七个模块的教学基本功比赛：教学设计、说课、命题、解题能力、试卷分析、研究课和自制课件，并全部获得“优秀”等级。

书没白读。通过阅读学习，郑弢老师收获了“没有也不可能有抽象的学生”“让学生进行独立的脑力劳动——研究性学习法”等宝贵经验。这些阅读收获对他在化学课，尤其是在竞赛班个别化教育指导和因材施教方面产生了很大影响。同时，他学会了“教”——引导学生独立思考。从化学起始年级开始，郑弢老师改变了传统的预习、复习、检测的教学模式，和化学组一起推行“自学自研——自学检测——问题讨论与实验——知识运用与评价——单元检测”、真正以“学生学”而不是“教师教”为主的“大单元五环节教学法”。他的快速成长，与起初的目标与规划密不可分。

总之，初职教师在怀抱教育理想与热情的同时，应当对自己的教师职业有比较清晰的认知，从学情入手，厘清自己在学生学习过程中的定位，明确教师行业的社会定位，明确自己的职业发展定位，做有心之人、有心之师，尽早完成从好学生到专业人的角色转换。

16. 每天都感觉时间不够用，怎么办？ 丁玲

初职教师如何合理安排一天的时间是非常重要的，高效的时间管理，能够帮助初职教师做好工作计划、合理安排工作时间、顺利推动工作。

一、培养自我管理时间的意识和能力

有效的自我管理涉及分解、分析、排序、具体运用以及在规定的时间内完成任务等能力。独立意识是有效管理的先决条件。初职教师应主动做出决定，主动选择，并采取相应的具体行动。有了独立意志，就可以主动作为，在拟订计划后，就能够积极实施。

应该对工作任务进行分类，大致可将它分为三类。

（一）必须完成的事情 —— 本职工作（教育、教学）

第一，在固定时间要做的事：上课、听课、备课、教学班答疑，进行个别化指导，分布式领导等。

第二，可灵活安排时间做的事：课后反思、听课反思、批改作业、与师

父交流心得、导师工作等。

（二）可灵活穿插完成的事

自身发展、职业技能培训、总结汇报活动、发表论文等。

（三）始终要坚持的事

看书或在线学习教育、教学理论与实践案例，并将收获应用于自己的教育、教学工作中。

二、时间管理应该这么做

在时间管理中，应遵循以下三个原则。

（一）坚持“要事第一”

所谓要事第一，就是先做最重要的事。首先要确定是哪些事情是最重要的。我们要将这些重要事务优先安排。如何分辨轻重缓急和培养组织能力，是时间管理的精髓。

十一学校李希贵校长之所以能在繁杂的工作中，始终保持高效的工作状态，得益于他坚持制订每日工作计划，并按事务的重要程度进行排序，依次处理。还是一名青年教师时，李校长就习惯在自己的裤兜里放一个小本子，按要完成的顺序处理他一天要做的工作。这样坚持下来，制订计划就成为他的一种习惯。慢慢地，制订计划的小本子就会从有形变为无形，装在脑子里，成为一种工作方法。

他是怎么给工作排序的呢？

将要完成的事按照“重要程度”和“紧急程度”两个维度放到一个坐标系中进行描点，很快就能得出办事顺序（见图 16–1）。“紧急”意味着必须立即处理，紧急之事通常都显而易见，推脱不得。重要性与目标有关，凡是有利于实现目标的就是要事。在这个时间管理坐标系中，可以将工作事务分为四类。第一类是最重要、最紧急的，需要立即处理。第二类是重要却不紧急的。第三类是紧急却不重要的。第四类是既不重要也不紧急的。同等重要的事情挑紧急的先做，同等紧急的事情挑重要的先办。这样便可得出办事顺序，顺序为 A → B → C → D → E。

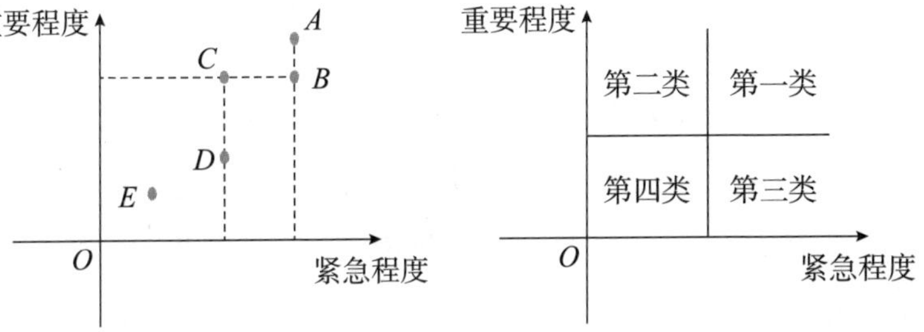

图16–1　时间管理坐标系

对初职教师而言，最难的是对紧急程度的判断和对重要程度的把握，如果判断不准，把握不好，就会被烦琐的事务牵着鼻子走，进入忙于事务处理的误区。例如，由于第一类事务紧急且重要，往往会占用教师绝大部分时间和精力，如果过分重视，你就会发现刚刚处理好这类事务马上又会有同类事务出现。每天将大部分时间用来解决这类事务，终将会因为工作压力过大而筋疲力尽，失去工作的乐趣。还有人将时间过多花费在第三类紧急却不重要的事务上，结果却忽视了目标和计划。将时间都用在第三和第四类事务上的人，可以说是过着一种不负责任的生活，因为无论是否紧急，这些事务总体而言都是不重要的。

高效能的人也有真正重要而紧急的事务，也就是第一类事务，需要马上处理，但这类事务的数量通常相对较少。他们能平衡关系，将时间和精力集中在重要但不紧急的事务，即第二类事务上。只要能确定自己的第二类事务，完成这些事务往往就可以提高个人的处事能力，事半功倍。不能因为事务紧急而错误地过分重视，更不能因为事务不够紧急而忽视。

一定要要事第一。无论紧急性如何，个人和组织均需把要事放在第一位。正如歌德所说："重要之事决不可受芝麻绿豆小事牵绊。"

（二）坚持制订工作规划

时间管理的方法也在与时俱进、不断更新。过去，我们习惯使用便条和备忘录在忙碌的工作中调配时间与精力；后来，人们借助日程表来管理时间，具备了一定的规划意识；现在，人们开始依照"要事优先"原则，依据轻重缓急设定短期、中期和长期目标，以及实现目标的计划，以此来提示做事的顺序。这样一来，人们便可将有限的时间和精力更为精准地分配到具体任务中，以更高的效率从容面对工作任务。

十一学校高中学部生物学科的王春易老师，坚持以第二类事务为工作中心，对未来一星期的事务进行整体规划和安排，将要做的事情具体分配到每一天，并且一件事设立一个文件夹，如此，整个规划条理清楚，实现了专事专办。

例如，表 16–1 就是王春易老师的一周工作安排。

表 16–1　王春易老师的一周工作安排

周次	工作安排	备注
第十一周	1. 周一：与历史、地理、政治学科主任交流课程方案和课程首席教师	三个学科一起交流
	2. 周一：上午参加诊断命题研讨（命题蓝图细化版说明）	沈静老师主持
	3. 周一：下午 2 点参加磨课（语文、化学、地理）（“红窗汇”展示）	赵继红老师主持
	4. 周一：下午 4:30 与于凤军老师研讨数学方案	资源整理过程中发现的问题要反馈
	5. 周二：上午听评课项目活动	分享近期听课的案例
	6. 周二：下午 4:30 参加教学沙龙（教研组长工作分享）	三位教研组长分享
	7. 周二：初中课程方案再优化研讨	王鲁豫老师参加
	8. 周三：研讨暑期课程封闭方案（分别与学科主任个别化交流）	了解各个学科的工作进展情况
	9. 周四：上午参加预算研讨（物理、化学、生物实验室预算与学科预算的协调）	刘笑老师参加
	10. 周四：下午科学课项目组活动	分享案例
	11. 周五：参加中考、高考学科研讨，主题：2015 届中考、高考的得与失。	2015 届教研组长或指派老师主讲
	12. 周末：去上海，参访上海纽约大学、上海市世界外国语小学，考察科学课程	沈祖芸老师带队

再如，十一学校实施教育、教学分布式领导，每位老师都可能身兼数职，除了担任学科教学工作外，还可能肩负导师等教学管理工作。针对这一特点，我通常按照以下四个步骤制订周计划。

第一步：确定角色

我本学期负责三个教学班的教学工作，同时还承担了三项分布式领导工作，是 18 名学生的导师，又是年级学生自主管理学院负责人，还是年级团总支书记；另外，还是一个课题项目的负责人，又临时加入了学校教育家书院成立的编辑委员会，为一本新书做准备工作。前四项是这一学期相对稳定的工作，后两项是临时增加的工作。不同的工作任务和目标，意味着不同的角色，我用下面这种方法记录未来七天需要关注的领域。（见图 16–2）

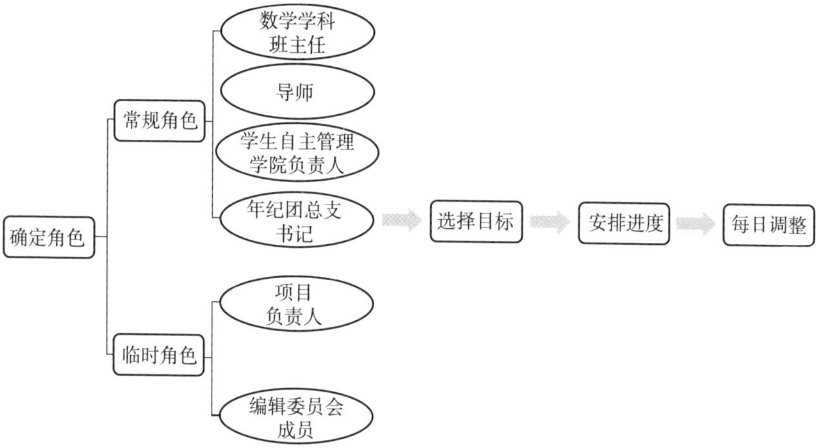

图16–2　确定角色图

第二步：选择目标

要思考清楚一周计划中每一角色最重要的一两件事，将它们作为选定的目标。这些目标中一定要有几个第二类事务，而且最好能让短期目标与长期目标相关联。例如，我的常规角色中有一些常规本职工作，属于必须完成的工作，这部分工作内容比较稳定、时间比较固定，不需要特别计划。例如，工作分类当中的第一项，上课、听课、备课、在教学班答疑、进行个别化指导、召开导师班会等。有些工作不是每周都有。例如，学生自主管理学院工作，平时只需召开常规会议，在有表彰会、文化节等年级活动时，则需要进一步规划；年级团总支按照支部活动和学校团总支计划，制订年级的团员活动安排；课题项目按照中期、结题等目标结点安排自己及项目成员的任务；编辑书稿的工作则按照负责人要求制定下一周的写作计划和内容。

第三步：安排进度

要为每一项目标安排具体的实施时间。确定角色并制定目标后，便可以给每一项任务分配具体的时间了。比如，学生自主管理学院要在周三承办“罗马尼亚文化日”，那么就要在周一召开最后一次筹办小组会议，并且在周二进行彩排；编辑委员会要求在周五前完成两篇文稿，那么就可以将任务平均分到每一天，完成相应的任务量，或者任选两天集中完成两篇文章的撰写。这两类都属于重要但非紧急的第二类事务，要细致地安排具体时间和行动计划，并注意留有余地。

这样的周计划不但可以让我们做到要事第一，还能让我们有充分的自由来应对突发事件。有了这样的周计划，我们会感觉很踏实，不会患得患失，担心任务完不成；不会因为过于乐观，认为工作很容易完成而迟迟不开始，导致耽误进程。这样，你就清楚地知道自己已经安排好一周的重要事务，照顾到了每一个角色所涉及的重要领域，每天只需按照计划完成既定任务，从容面对即可。

第四步：每日调整

制订了较细致的周计划后，你通常会发现每日计划其实已变成了每日调整。你只需要根据当天的突发事件和既定计划中的事务进行适当调整即可。因为事先已有周计划，你往往能很快对角色和任务目标进行合适的排序，也就能够快速、准确、灵活地安排新日程。

人们对时间管理的认识在不断改变，但有一个趋势就是越来越注意避免过分强调效率，因为把时间绷得死死的、过于死板的时间管理法，往往会有不好的效果——让人产生过大的工作压力，使人失去灵活安排工作事务的自主权。时间管理在一定意义上就是个人管理，重点不仅在于时间和事务的安排，还在于完成工作中的要务，让人享受到工作的乐趣。

（三）坚持拆分、合并，高效整合工作

在要事第一的原则下，可以对重要事务进行拆分，又可以对要务拆分后的关键点进行合并，做处理事务的加减法。之后再次进行主次要务分类，以点带面地完成工作中的要务。例如：

1. 如何做到高效完成教学任务

十一学校数学教师张佩华说，初职教师在上新课前最好先备好一章的课，以便对课程有较整体的把握。备课时要积极、主动联系教研组内的其他教师，特别是经验丰富的教师，和他们一起研究每节课的注意事项，确定教学重点、难点。

初中数学学科负责人周志英老师强调说，初职教师一定要多听高效能教师的课，边听课边准备自己的课，听课后要及时与上课教师针对此节课进行研讨。这样，初职教师便能够在自己理解的基础上借鉴优秀教师的成功之处。

保证教学任务高质、高效完成需抓住关键点。对此，周志英老师分享了以下策略。

教师批改作业可灵活进行，有时集体备课、教研会议等集体活动，会耽误教师批改作业。对此问题，传统的解决办法是让学生准备两个作业本，教师利用晚上时间为学生批改，但这样做学生作业改错不及时。而周老师的做法是将答疑和批改作业有效结合起来，这样做提高了效率。

在每天 16:15 后的答疑时间里，如果当天参加答疑的学生不多，周老师就在答疑后让学生拿出作业本进行面批，学生马上改错。这样批改作业效果是最好的，既提高了教师的工作效率，学生改错也最及时，落实情况也最好。如果参加答疑的学生过多，教师在为排在前面的学生答疑的时候，其他学生就得等着，浪费时间。这时，可以将学生分成几个小组，每组分几个作业本讨论，将他们认为有问题的地方圈出来。之后，各个小组互相交换作业本，对标出的问题做分析。如果是做得正确的，就总结解题方法：是否可以一题多解？最优的方法是什么？如果两个小组都圈出了同样的题目，小组间要商讨一下错在哪里、如何改正，不确定的地方则可以直接和老师商讨。这样，在等待答疑的过程中，学生可以利用排队时间分析同学的作业，既可发现不同解法，又可了解题目的易错点，实现了受益最大化。

2. 将教育、教学和自身发展结合起来

青年教师在学校肩负着教育、教学双重任务，又要不断充电。要兼顾三方面并高质量完成，就要做到“随时留心、及时记录、及时反思”。

例如，导师的工作，包括对学生学习生涯规划的指导等，需要对学生的状况相当了解，这不是和学生进行几次沟通就能达到的。需要对学生进行长期观察，以发现学生暴露出来的问题。因此，在平时教学中所发现的问题，要及时记录下来。以下是我的具体案例。

在探索移动终端助力数学课堂教学的过程中，我对学生的学习路径进行了调查，并结合平时对学生学习特点的观察进行分析后发现，A 班学生虽然学习成绩整体弱于 B 班，但他们思维活跃，喜欢接受挑战，能够尝试新颖的学习方式，非常喜欢“终端学习”；B 班学生成绩较好，自主学习意识较强，大部分更喜欢教师讲授、小组讨论的学习形式。对调查数据进行分析后，我决定对两个班进行同课异构：“二元一次方程组的解法综合”这节课在 B 班

采用传统的线下教学模式，在A班利用终端以游戏闯关的形式进行解题大比拼。我用摄像机和相机记录下每节课的关键点，下课后立即将这节课的授课感受，利用课间10分钟及时记录下来，记下课中真实而又容易转瞬即逝的感受。之后，再结合录像以及学生诊断反馈进行数据分析，对本节课进行总结，以获取经验。

以观察到的情况作为实践的依据，对实践的课堂进行理论的提升，及时记录，及时反思，总结经验，这就是一次教学技能的提升。而这些资料和数据又可以用作分享交流、写作科研论文以及编写书稿的素材。这样一来，便将平时的教学与自己的专业发展有效结合起来，进行了一体化研究。

三、自我能力提升与完善

初职教师不应急于领任务并盲目地执行。俗话说：“磨刀不误砍柴工。”初职教师要想高效地完成工作、合理安排时间，从而获得工作成就感和喜悦感，就要时刻注意自我能力的提升与完善。

（一）观察学习，做好基本功

在工作中，初职教师要认真观察、学习他人的工作方法和工作经验。以成功经验为范本，可以让你更有信心地处理工作要务，提高效率而更为全面地获取他人成功经验的途径是读书。坚持阅读可以帮助我们拓展思维、提高智力。养成阅读的习惯显然是第二类事务，不紧急但十分重要。借鉴书中的思想和成功案例，可以提升我们的鉴别能力，准确判断事务的重要性及紧急程度，从而做到合理安排时间。

（二）明确工作任务

初职教师在领到工作任务后，不应急着盲目执行，而应先与布置任务的人进行充分沟通，领会发布任务者的意图，以防止徒劳无功。要仔细解读任务内容，准确把握任务要点，设置明确的工作目标，理清任务结构框架。要利用时间规划表科学推进工作进度，高效执行。只有这样，我们才能做完自己想做和计划做的事，还能获得预期效果。

（三）勇于说“不”

初职教师工作经验、工作能力尚有不足，但很多人心气很高，同时接受来自不同领域的任务，到最后却发现力不能及。任务完成得很勉强，甚至不能完成，弄得自己焦头烂额，这样既不利于自己专业能力的发展，也可能因没有完成任务而给布置任务者带来麻烦，影响这一领域的工作进程。有时候，拒绝也是一种礼节，是对他人负责任的态度。要集中精力于真正的要务，就得排除次要事务的牵绊，此时需要勇于说“不”。

四、有效整合多方资源，营造协作氛围

会协作是达到并保持高效的关键能力，好的时间管理者懂得营造协作的氛围，以提高效率。合理利用同伴教师、学生以及家长资源，可以帮助我们进行时间管理。

在完成团队任务时，懂得授权比亲力亲为效率更高。授权是提高效能的秘诀之一。只是一般人多吝啬于授权，总觉得亲力亲为更好。其实，将责任分配给团队成员，才能提高效率。例如，在进行项目研究时，领导者应组织

大家进行集体讨论，共同分析和制订计划，将任务分配给具体责任人。分配任务后要充分信任他人的自我意识、想象力和独立意志，不要进行干预，要将关注重点放在最终的结果上。

在高中学部庞欢老师的英语原著阅读自选课上，她会利用一节课的时间和学生共同讨论和制定此门课的学习方式、学习进程和奖惩方式，让学生明了课上的每一个环节中被期待的行为，以便在整个课堂中，学生积极参与，师生能高效配合。虽然用了一节课讲述学习细则，但却能使学生与老师达到很好的协作状态。这样，庞老师之后的备课任务就变得轻松而高效了，做到了“磨刀不误砍柴工”。

高效能教师会调动各种资源鼓励学生学习，帮助学生拓展学习时间、完成学习目标。而教师最佳的搭档通常是家长。与家长配合，能快速掌握学生出现的问题，并及时解决。让家校间无缝衔接，有效掌握学生的学习状态、情绪变化、身体情况等，能使我们对学生的诊断更加准确，教育、教学更有针对性、更加精准，从而提高工作效率。

无论利用哪种方法进行时间管理，初职教师都需要和同事、领导建立密切关系，以便互相配合。

刚入职的教师大多数会经历一段慌乱无章的时期，每天从早忙到晚，被任务牵着鼻子走。学会合理安排时间，尽快拥有高效自主管理时间的能力，就能夺回完成要务的自主权，从容、踏实地工作。

17. 情绪管理经验不足，怎么办？

赵楠

各位初职教师，和一起完成学业、走上各行各业工作岗位的同学聊天、聚会时，你们说得最多的话题是什么？薪资待遇？工作环境？这些内容和评断标准因人而异、千差万别，最能引起大家共鸣的话题恐怕就是“吐槽”了。“吐槽”折射出来的是看不见摸不着但却时刻影响我们工作状态，甚至直接决定我们初期职业体验或“去留”的重大问题：工作情绪。

一、兹事体大——教师务必正视并重视工作中的情绪问题

人力资源及管理心理学专家庄伟曾说：“情绪是人类社会里对人影响最大，同时最被人所忽略的东西。”在诸般工作情绪中，教师群体的工作情绪问题显得更为特别和紧要。教师情绪问题多是由于教师不能合理地应对和妥善处理日常生活或教育、教学工作中的负面生活、工作事件而引发的。这些问题往往由于其复杂性、隐蔽性，加之教育、教学工作的繁重性而被忽视，有时甚至连教师自己也难以意识到正在遭受不良情绪的侵扰。被工作情绪侵扰而不得其解，将会影响教师身心的健康以及与同事、家人的相处，也会严重影响课堂教学和师生关系。

（一）你的情绪不可小觑，它也是“革命的本钱”！

初职教师小赵有不少同学在咨询公司、投资银行等单位工作，其中很多人在单位的例行体检中被查出患有胃胀气、脂肪肝、胆囊炎等疾病，这和他们工作强度大、饮食不规律、酒局应酬多等密切相关。这些年纪轻轻就一身病的同学每次向小赵老师诉苦时，便对她心生羡慕——是啊，当老师作息时间相对规律，鲜有社会应酬，听上去比金融白领的工作强度小、工作环境简单，所以大家都认为小赵老师自然健康无忧，让人羡慕。小赵老师也自我感觉良好，可是在一年之后的例行体检中，却被查出了多个甲状腺结节。她恍然大悟：怪不得凡有着急上火之时，脖子两边都有火辣辣的疼痛感。被查出患有甲状腺结节后，医生问：“做什么工作的呀？”小赵说了句“老师”，不想医生呵呵一笑：“那有结节太正常了！”小赵仍然不解，等体检完一交流，同批入职的其他年轻人不少也长上了这个“甲状腺结节”，个别女同事的乳腺、子宫等也出现了或大或小的问题，有的同事还成了“过劳肥”，身材迅速走形……

“气大伤肝”“气大伤身”之类的俗谚绝非谬传，它们多由愤怒、暴躁、多虑、自怨自艾等负面情绪积累而成，是由心理层面作用到了生理层面。这提醒我们，务必要正视并重视自身情绪的管理与调控——被诊断出外化的病症，说明情绪问题已经存在一段时间了。身体是革命的本钱，情绪是身体的本钱！锻炼身体，劳逸结合，能够帮助我们获得健康的情绪、心理。

（二）有情绪却不影响上课？情绪恰是教育教学工作的关键！

我们要知道，自己的情绪状态会直接影响我们与同事交流，与家人、朋友相处，一个火药桶或者林妹妹是不会长期受欢迎的。情绪管理、调适虽不像知识点、考卷、评语那样有形，但却在无形中对学生的学习兴趣、认知状态、学习效果等有非常大的影响。教师如果有消极情绪，一来会让自己在知识领悟、教学效能、学情了解、行政效率等方面受到严重干扰；二来会使学生在接受知识的过程中产生对所学内容和教师双重的负面反馈：恐惧、困惑、压抑、不屑……最终给教育、教学工作和师生关系建设带来障碍。教育学经典著作《给教师的一百条建议》的作者、乌克兰教育家苏霍姆林斯基对此早有充分认知，他的系列主张都在明确或潜在地强调教师做好情绪调适的重要性。在此择录几条，供初职教师细细品读。

1. 如果教师不想方设法使学生产生情绪高昂和智力振奋的内心状态，就急于传授知识，那么这种知识只能使人产生冷漠的态度，而不动情感的脑力劳动就会带来疲倦。没有欢欣鼓舞的心情，学习就会成为学生沉重的负担。

2. 教育，首先是关心备至地、深思熟虑地、小心翼翼地去触及年轻的心灵。要掌握这一门艺术，就必须多读书、多思考。

3. 考察孩子的内在精神世界，特别是他们的思维，这是教师最重要的任务之一。

4. 没有美的教育，就不可能有完整的教育。

5. 美蕴藏着强大的教育力量。

二、理性排查——教师务必厘清情绪问题的成因

在正视情绪问题的重要性后，我们要进一步审视：我在工作中出现了哪些情绪问题？这些情绪问题产生的原因是什么？为了避免它们进一步扩散、加重，我需要做哪些努力对症下药，或者防患于未然？

（一）ABC 疗法：理性梳理自己情绪问题的成因并尝试解决

有些事情越想越让人委屈、越琢磨越让人生气，这是不良情绪产生、累积的惯常模式。解决情绪问题的一个关键点是避免“情绪陷阱”。这里为大家推荐“理性情绪疗法”，即“情绪 ABC 理论”。它由美国心理学家埃里斯提出，他强调情绪问题产生的理性因素，认为情绪不是由某一诱发性事件本身引起的，而是由经历了这一事件的个体对这一事件的解释和评价引起的。这一理论指出，诱发性事件“A”（Antecedent，事情的前因）只是引起情绪及行为反应的间接原因；而人们对诱发性事件所持的信念、看法和解释“B”（Belief，信念）才是引起人的情绪及行为反应的更直接的原因，它直接导致了“C”（Consequence，事情的后果）（见图 17–1）。

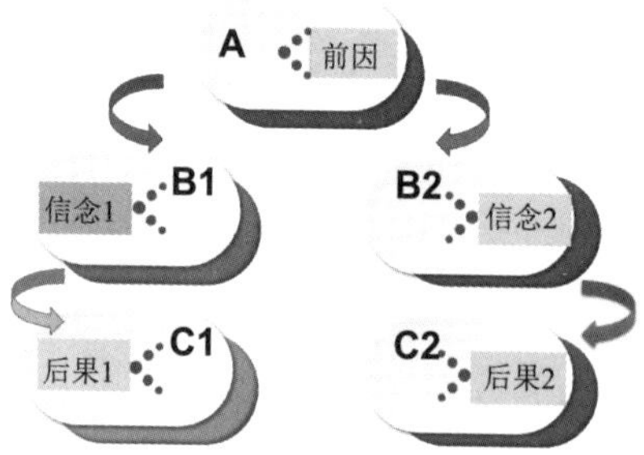

前因（事件）都是一样的，影响人情绪的是对事件理解的不同

图17–1 情绪ABC理论

同样的前因 A，产生了不一样的后果 C_1 和 C_2。桥梁 B 就是信念和我们对情境的评价与解释。在同一情境之下，不同人的理念以及评价与解释不同（B_1 和 B_2），因而会得到不同的结果（C_1 和 C_2）。

因此，改变不合理的观念，建立合理的观念，就会产生积极的情绪反应，从而达到改善情绪的目的。按照“情绪 ABC 理论”的指导，我们可以通过以

下对应的“ABCDE”，理性对待看起来非理性的情绪问题。（见图 17–2）

A. 将认为引发不良情绪的事件和认识一一列出。

B. 找出引发不良情绪的非理性观念。

C. 经过对非理性观念的驳斥，找出合理的替代观念。

D+E. 通过建立合理的信念，最后达成情绪感受的改变！

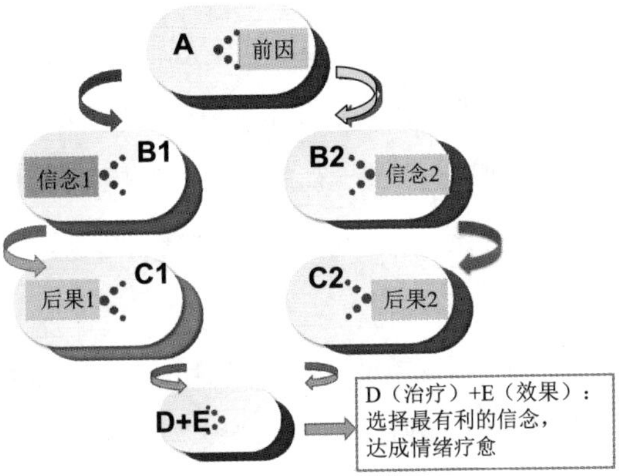

图17－2　A→B→C→D→E，助你拥好情绪！

针对教师职业的群体特点，下面从教师权威、薪资待遇这两个可能对初职教师情绪影响最大的问题略做“ABC”式的展开分析。

（二）教育、教学中出现的问题是不是“我的错”？无则抛弃，有则改之！

由于缺乏教学经验，加之不少初职教师来自综合性大学，不是师范专业科班出身，对教师工作了解较少，所以在入职初期，初职教师往往会遭遇各种令人焦头烂额的问题。这必然会使老师们容易产生自我认知的焦虑与不自信。同时，学生固然欢迎年轻老师，但内心深处也会有某种担忧：新来的老师都没教过课，更没带过高三，能行吗？初职教师最大的担忧来自学生家长，他们容易把不信任情绪传递给孩子，甚至或明显或暗示地传递给初职教师本人。内因、外因同时作用会迸发出巨大的火力，几个月前还是所在大学“优秀毕业生”“牛人”的初职教师，此刻只能躲在旁人看不到的地方偷偷“哭泣”，或者怒气冲冲地叫嚷：“我不干了！”

近些年一直从事初职教师培训工作的赵继红老师对这个问题有一个精彩的概括，就是初职教师由“万能论”变成“无能论”。首先，要明确的是，我们播撒的教育种子，通常不会立竿见影；另外，成长、教育是很复杂的，教育也不是万能的。一个孩子在由我们教育前，已经有了先天和后天十几年共同作用的成长经历，我们所能改变的恐怕只是一小部分，更多的是尽到教师的职分。

“教育不是万能的”可以帮助我们从“学生没考好怪我太年轻”这样的焦虑中解脱出来，但绝非让我们就此变得消极、怠惰。赵老师指出，在“不能作为”之外，我们要反思自己是否有“无能”的部分。作家王小波说，人类一切的愤怒源于自我的无能。作为初职教师，我们如此在意自己作为教师的“太年轻”，其实正包含着非常微妙的心理信息。在放弃以“苦劳”邀功的前提下，我们必须正视自己在教育、教学中可能存在的问题：教学评价差，是不是和自我陶醉于个人专业知识的展现，以及对学情预估可能错位有关系？看起来我和师父跟学生说了同样的话、留了同样的作业，但自己说话的语气、态度是不是和师父一样？我所教授的学生和师父班里的学生是不是“一模一样”？我设计的课堂活动，生动、有趣吗，还是只关注到了“我要让你变得深刻”？……要经常做这样的反思，多向周围的同事学习，发挥比较优势，不断提高业务水平。确定自己不“万能”更不“无能”后，紧张、焦虑或愤愤然的情绪自然会受到控制，学生看到的和感受到的，也就会是一个虽年轻但自信、从容的老师。

（三）干得最多赚得最少，心意难平？换个角度想想，别太计较！

不少初职教师（这个“初”可能要持续数年）都会为一样事情懊恼：在所有人里面，自己看上去是干得最多的，可由于年龄小、工龄短、无职级，又挣得最少。长期陷入这种“不患寡而患不均”的情绪里，只能把自己逼到死胡同。

“为什么不换个角度想问题？”这是李艳琴老师常说的话。李老师素来低调亲和，对初职教师关爱有加，可谓初职教师的“知心姐姐”。每当有初职教师向她抱怨工作繁重时，她总是提醒大家要换个角度想一想：横向来看，活儿总要有人干，各个单位的各个岗位，年轻人都要多出力；纵向来看，你觉得自己的活儿最多、最重往往是一种错觉，大家各有各的忙，资深教师工作任务更重。大家都是从新人走过来的，况且十一学校的工作氛围又极好，资深教师都很无私地“传帮带”，新人帮师父擦擦桌子、帮组里做做会议纪要、帮学部老师发发水果，有什么不可以呢？

“送人玫瑰，手有余香”，为人师表的高材生不会不懂这个道理。一次，一位负责工会工作的年轻老师因工作任务太多而萌生了辞掉工会职务的想法，李老师劝她不要这样做。李老师刚入职时，教课之余做的就是工会工作，她劝勉年轻老师：这份工作总要有人去做，你若坚持下来，帮大家解决难题，就是一份功德。这位年轻老师听完她的劝勉，很有感触，发现换个角度看待工作，就有了崇高感和意义。后来这位年轻老师收获了学部老师的一致感谢。

看待某些事情要换的“角度”有些是我们难以考虑到的。潘国双老师对十一学校有强烈的主人翁意识和责任感，十分关注十一学校初职教师的发展。在与初职教师沟通、交流中，潘老师发现，一些硕士毕业的初职教师觉得挣得不够多，并且对自己各方面的待遇不如博士感到不平，个别教师甚至为此萌生了辞职的念头。作为十一学校数学高端课程的主要研发者和授课者，潘老师提醒年轻老师注意两件事。第一，“工资待遇”是“工资”+“待遇”，学校有宿舍、健身设施、教师兴趣班、鞠萍姐姐书屋等多样待遇和良好的工作氛围、广阔的发展空间，不能只盯着“起薪”的数字。第二，由于博士学历的初职教师起始职级和薪酬更高，所以在一些工作项目上，学校会予以适当调整、平衡。比如说，十一学校十分重视大学先修课、竞赛课等高端课程的建设发展，相应的授课教师也有相对较高的课时薪酬。学校将更多高端课程授课岗位分配给了硕士毕业的初职教师，正是在充分认可其教学与学术水平的基础上，给这些教师更多的薪酬补贴，以平衡硕士与博士之间的起薪差距。“风物长宜放眼量”，只要肯努力，学校处处有我们展现风采的舞台。

三、多管齐下——教师务必做好自我情绪管理与调适

劳逸结合，正视“A”，矫正“B”，找到“C”，在通往一个个别致的“D”与“E”的过程中，有许多可能的路径和方法。每个人的性格、兴趣爱好、家庭状况、所教学科等各不相同，我们需要不断探索、总结，多管齐下，以达成更有效的自我情绪管理与调适。值得一提的是，除了“以心调心”，还可以“以食怡情”。一是多食用富含维生素 B 的食物。这样可以给大脑提供更多的维生素 B 族，有利于调节情绪。二是多饮水。多喝水本来就对身体益处多多，它还能够有效调节心理情绪，缓解心中烦忧。

在情绪管理、调适方面，仍有一些提纲挈领的“多管齐下”的方法可与老师们分享。

（一）分好轻重缓急，凡事少安毋躁；躁了也不怕，还能宣泄一下

张楠老师是2014年来到十一学校的初职教师。她上小说阅读课，还是位女诗人。为了更好地应对工作、调节生活，张楠老师每天都会对当天的工作任务进行列表，按轻重缓急排序，最重要的工作放在最前面，依次顺延。每做完一样工作，她就会在列表中将之划掉。这样既不会在工作任务繁重时乱了分寸，又能在完成工作后有满满的成就感。

当然，有时列表、划掉任务也不能完全解决情绪上的困扰。有时候，情绪发泄也是重要的调节方法。按照精神分析学派的理论，适当宣泄情绪可以使情绪能量得到释放，恢复身心机能的平衡和稳定；长期积压不良情绪，容易造成身心紧张，时间过长或强度过高，恐怕要使人憋出内伤。张楠老师有时会刷刷她喜欢的系列电影（比如印度影星阿米尔·汗的喜剧），在笑声中一扫工作的疲惫；有时则选择向同事们倾诉：聊一聊，互相安慰一下，忧伤就得到了分担；听听过来人的经历，更觉得当下的困难没什么大不了，还能顺便学习到不少经验、心得。十一学校高二语文组的很多老师，有观察校园博物、定期到体育馆锻炼、钻研烘焙烹饪、琢磨服装搭配等多种多样的情绪管理方法，而大家坐在一起开会、备课之余，也会“吐吐槽”。

（二）视野开阔，内心广大，生活多彩，你的所有时间和情感本就不该都“给了学校”

要进行自我情绪管理与调适，还应意识到很重要的一点：教师是我们的职业，教育、教学和与之相关的行政事务是我们的工作，学校是作为教师的我们工作的场所。我们当然要爱岗敬业、尽好职分，而同时，我们又有家庭和社会角色，有除了学校之外的活动场所，有工作、教书之外的时光。拥有

健康情绪的优秀教师，大多都是有眼界、重修养、懂生活的人。这样，我们才有更广阔的维度来认知自己职业的意义，才有更扎实的功底、理由、素材和立足点来教书育人，才能获得调适过的、健康的职业情绪。只有为自己构筑起更为广阔的世界和更为强大的内心，只有为自己和家人设计出更有情感和趣味的生活，我们才是更好的人，才是更好的老师。

总之，初职教师在充满热情地明确职业目标，把握教育、教学策略和方法的同时，一定要充分重视自己的情绪问题，并学会有效的情绪管理与调控方法；必须明确情绪直接关乎个人的健康状况，情绪对教学工作有直接的影响；必须分析情绪问题的成因并对症下药，分清轻重缓急，抛弃无谓烦恼，提醒自己“是老师”又“不只是老师”，开阔视野，丰富生活，做情绪积极、身心健康的好教师！

第五辑

人际相处篇

与学生如何相处才算恰当？怎么做才能真正了解学生？如何才能与家长保持有效沟通？

18. 与学生相处，太近不好，太远也不好，怎么办？

鲍晓梅

初职教师每天都要和很多“小豆豆”交往，这些“小豆豆”性格迥异，行为方式也千差万别。我们希望能与他们顺畅地沟通和交流，我们渴望和他们亲近，与他们建立“亲密”的关系，我们都想成为学生愿意亲近和喜欢的人，因为我们知道，“亲其师”才会“信其道”，师生关系是我们进行教育、教学的基础。

一、如何走近学生

师生关系直接影响学生的课程体验和学业成绩。学生对老师的积极情感迁移到学习上来，会使他们产生积极的学习动机，享受学习的乐趣，获得成功、自信、愉悦的情绪体验。良好的师生关系还是学生处理各种人际关系的榜样，对学生性格、品质的培养和长远发展意义重大。它还会影响教师教学水平的发挥和教育目的的顺利达成。和学生关系疏远，会影响教学质量，错失许多教育契机。

如何才能与学生建立良好的关系呢？我们有七条建议。

（一）找到共同话题，培养共同兴趣

如果有学生对你的课程没有热情，不想参与，也不爱与你接触和交流，那么你千万别心急。这个时候，你可以采取迂回的方式解决，避免与学生产生正面冲突，你需要先在情感上与学生产生共鸣。你可以仔细观察学生的兴趣、爱好，留意能让他兴奋起来的话题，发现能让他有成就感的事情，以这些为契机去创造与他接触和交流的机会，打开你们情感交流的通道，进而产生情感上的连接。当学生在情感上接受你的时候，你再慢慢地去引导他，就能避免因学生不良的学业表现而造成的师生关系紧张和冲突，增进师生间的感情。

下面让我们一起来看看王爱丽老师是如何引导不太喜欢生物的学生转变学习态度的。

[案例 18-1：王爱丽老师巧妙引导学生]

王爱丽老师是一名生物学博士，她的学科功能教室和传统的生物教室不太一样，这间生物教室更像一个博物馆。教室里摆放着各种花草，养着“千奇百怪”的小动物。

王爱丽老师发现，自己班上的有些学生并不太喜欢生物，但他们却主动认领了养护植物和动物的任务，他们特别喜欢照顾教室里面的花草，喂养小动物。王老师敏锐地发现了学生的这个爱好后，便趁学生每次来看望花草、喂养动物的时间，和学生讨论植物的生长规律、动物的生活习性等他们感兴趣的话题，让学生越来越喜欢来到学科教室和她探讨问题。当学生和她的感情越来越好的时候，王老师才慢慢告诉学生应该如何正确地去学习生物，这时学生就不再反感了。

（二）向学生示弱

作为教师的我们，很多时候习惯做专业上的权威，习惯去引导学生成长，为学生的行为制定规范，一味处于主导学生的强势地位。可老师的“强大”会让学生感觉到自己的“弱小”，挫伤学生学习上的主动性和积极性。

我们有时候需要摘掉教师角色带给我们的光环，放下自己的优越感和身段，向学生示弱，甚至佯装比学生无知。当你示弱的时候，学生更能够体验到成功的快乐，这能够增强学生学习的主动性，还能培养学生勇于挑战权威、敢于质疑和批判的精神。当你创造了一种愉悦、平等、民主的教学氛围时，就更容易激活学生的思维，让他们更积极地参与到课堂中来。放低自己的姿态，可以缩短与学生的距离，更容易与学生产生情感上的共鸣，从而让学生越来越亲近你。

[案例 18-2：李亮老师巧用“示弱”]

李亮老师是一位懂得示弱的教师。他是十一学校的历史高级教师，上课风趣睿智，深受学生欢迎。学生亲切地称呼他为“亮哥”。

在李老师的历史课上，在做材料论述题时，学生会有很多答题思路。让学生从错综复杂的答题思路中找出正确的思路，这是重要的答题策略。李老师虽然对正确的答题思路了然于胸，但还是把自己当成“学生”，通过具体的学习实践展示自己的学习路径，让学生为自己这个“一无所知”的老师支招，让学生自己甄别出正确的答题思路。学生在这个过程中获得了成就感，记忆也更加深刻，并且越来越愿意与李老师交流和接触，因为学生总是渴望体验到比老师“强”带来的自豪感。

（三）与学生谈心

每个学生都渴望得到老师的关注，希望自己在老师心中很重要。初职教师可以尝试和学生敞开心扉，在合适的时机和他一对一聊天、谈心。让学生感觉到老师是真心为他着想，他就会对你心存感激，也就更愿意在学习上给予积极的回应。让我们来看看孙龙老师是怎么做的。

[案例 18-3：孙龙老师循循善诱引导学生]

孙龙老师是十一学校一名优秀的化学老师、化学竞赛教练，同时也是学生的导师。孙老师的导生 A 对自己的数学水平过于自信，认为自己的数学达到了可以自学、自研的程度，所以不太愿意完成老师布置的练习题和改错任务，认为这些作业对他来说都太“小儿科”了。发现学生的问题后，孙老师多次寻找合适的时机与学生单独交流，在这个过程中，他充分了解了学生的想法，并循循善诱地引导学生认识到自己的问题。结合自己的学习和成长经历，孙老师指导学生找到了努力的方向。他晓之以理、动之以情地和学生进行友好、真诚的沟通，终于让学生意识到自己需要克服眼高手低的毛病，也让他赢得了学生的信任、尊重和爱。

（四）多渠道与学生产生连接

更多时间的相处、沟通、了解和陪伴是培养深厚师生感情的重要途径。课堂上的相处总是短暂的，学生和老师都无法在课堂上看到生活中更完整、更鲜活的对方。想要更了解学生，并让学生更了解你，我们就需要付出更多时间。而在网络发达的今天，我们完全可以通过各种技术手段与学生不断产生连接，抢到增进情感的先机。

1. 用好微信朋友圈

新老师可以和学生互加微信，经常看看学生的朋友圈，主动为学生点赞、留言，让学生感觉到自己特别受到老师的关注。坚持下来，学生也会礼尚往来，关注你的动态，这样可以使师生彼此更加了解。老师在朋友圈中可以多发和学生在一起的趣事、感悟，以表明自己对他们的重视和关心，让他们感受到自己在老师心中非常重要。

2. 建微信群

可以建立班级微信群。不要只在微信群里发课程通知和作业，否则容易让学生反感。老师可以在微信群里发一些课程的前沿动态、最新成果、趣闻等，以引导学生去讨论和交流。在适当的时候，也可以发起抢红包活动，活跃群里的气氛；在与学生对话时还可以发一些有趣的动态表情。这些都可以拉近老师和学生的距离，让学生愿意主动去亲近你。

3. 建微信公众号

你可以为你的班级建立微信公众号，每天推送一条图文并茂的高质量信息。刚开始，公众号可以自己打理，后期应鼓励学生轮流负责，为他们搭建一个展示平台。长期坚持下去，学生就会经常关注你发的信息，你和学生之间就会有更多交流的话题，你的教育、你跟学生的沟通和交流自然而然地就会发生。

（五）制造与学生“邂逅”的机会

每个学生都有自己的特点，课堂上并不能展示他的全部。初职教师可以多和学生的导师、任课老师交流，多渠道了解学生。你还可以关注学校里张贴的各种海报，如果你的学生被表彰了，一定要抓住机会当面告诉他："我看到你被表彰了，你真棒！"如果有学生的演出，要告诉学生："老师很期待你的演出，一定会去给你捧场。"看完表演后，还可当着全班的面表扬他，以增进他的自信，让他感觉到很有面子，让他知道原来老师时时刻刻都在留意他、关心他。这会让他更愿意与你分享他在学校中的见闻，分享他成长的喜悦和烦恼。

[案例 18-4：我因为看到一张海报而与学生"邂逅"]

我（指鲍晓梅老师，下同）在学校的电梯里曾留意到一张海报，海报上有乐团表演的预告，其中有我俄语班的一名学生，这名学生将在乐团表演中吹奏大号。看到海报后，我夸赞了学生的多才多艺，并答应他一定会去看他的演出。我还跟他说："语言和音乐是相通的，懂音乐的人更懂得节奏和韵律，这和我们语言中的语音和语调有异曲同工之妙。你音乐天赋好，俄语一定可以学好！"经过这次事件后，这名学生变得更加自信了，还经常邀请我去观看他的演出，也更愿意和我聊他最近的生活和学习状态了。

（六）制造意外惊喜和感动，或者能够雪中送炭

除了在课堂上关注学生外，还要在学生的生活中渗透我们对他们的关心，以唤醒他们在情感上的共鸣，这样才能让他们喜欢和你交往。逢年过节时，老师可以放低姿态，主动祝福学生节日快乐；天气变化时，可以提醒学生注意添加衣服；他们过生日时，可以给他们制造一个小的惊喜；每个学期结束时，可以制作一个图文并茂的班级电子相册给他们作为纪念，或者给班里的每一名学生写一段话等。当你这样做的时候，学生会感受到自己在老师心中的地位，从而在情感上接受你。

当学生遇到学习、生活上的困难时，老师及时伸出援手，帮助学生从痛苦中走出来，无疑是雪中送炭，这样学生会更加尊重你、信任你。比如，学生因为生病耽误了学习，如果你主动帮助他补上落下的课，学生就会对你心存感激。

（七）用好过程性评价

十一学校对学生的评估系统由过程性评价和终结性评价组成。过程性评价用来记录学生的学习过程。老师需要在学校的选课平台上及时记录学生在每节课上的课堂表现。过程性评价是老师和学生交流的好机会，每一次过程性评价都是你与学生的一次单独对话，用好过程性评价就能增进师生的感情。做过程性评价时，一定要针对学生近期在生活和学习中的表现给予个性化的表述，表扬和批评都需要具体。进行过程性评价要及时，要让学生知道老师在时刻关注着他们，老师认真、负责的工作态度会影响学生的日常行为，也会影响学生对你的评价。

下面是一些我对学生的过程性评价。

小涵今天表现很棒，要继续保持哦！

小荻注意力要集中哦，不要和几个男生打闹，不注意听讲哦。

你今天表现非常棒，老师很开心！

表现很棒，学习习惯好！

本节课你表现很赞，就是要这样勇敢发言哦！

学得挺好的，在课堂上能否稍微控制下音量啊？

圣阳要积极参与到课堂上来哦，不要偷懒哦！

积极参与对话，就是要这样勇敢张口说，好样的！

学得很快，发音也很好，很有潜力，继续加油！

虽然坐在后排，但是非常认真！

今天你回答问题非常积极，能够发现问题问老师，这很好！

…………

给每个学生的评价都应该不同。在一次教育、教学诊断中，很多学生给我留言时都说："老师每次都特别认真地给我做评价、写评语！"老师的行为其实学生都能察觉到。

二、避免和学生走得过近

良好的师生关系无时无刻不在影响着教育，但如果初职教师把握不好师生交往的度，与学生过于亲密，也会给我们的教育、教学带来麻烦。

过近的距离能让学生了解到你的方方面面，这会让你不自觉地暴露一些缺点，这些缺点有可能成为学生不良行为的示范，对学生产生不好的影响。和学生走得太近，会使老师和学生的界限变得模糊，有可能使学生产生角色错位，在某些场合下说出不符合学生身份的话，做出出格的事。

和学生走得太近后，如果学生对你的性格了如指掌，可能就会利用你性格上的特点与你周旋，使你失去教师该有的威信力，使得你对学生的教育和管理很难开展。初职教师还要特别注意保持和异性学生交往的距离。中学生正处于懵懂的青春期，过于亲密的关系容易让他们对你产生过度依赖，给你带来不必要的麻烦。

要避免和学生走得过近，至少应该把握以下四条原则。

（一）强化对教师角色的认知

初职教师很可能还没完全适应由学生到教师的身份转换，潜意识里还感觉自己是学生。为了让学生接受自己，不知不觉地就可能和学生走得过近了。初职教师要时刻提醒自己，自己是一个老师，肯定要和学生保持距离。无论是谁，都不能逾越师生界限。老师可以和学生成为朋友，甚至像亲人一样，但在学校教育中，必须有师生角色分工，并在相应的场合严格体现出来，因为学生属于社会，不是教师的私有物。初职教师应注意与学生保持一定距离，不可过分亲昵，以免造成学生角色错位。

[案例 18-5：周瀚洋老师有很强的师生界限意识]

周瀚洋老师是一位年轻的化学老师。私下里，他和学生一样，有时也很喜欢打游戏。学生在一款游戏上加了他为好友。他在打游戏时会遇上自己的学生，这些学生还想把他拉入自己的队伍一起玩。这时，周老师坚决拒绝和学生组队一起打游戏，因为他知道自己是老师，老师和学生组到一个队里打游戏是不合适的。这时，他不会迁就学生，而是和学生保持距离。

（二）言行得体

初职教师和中学生年龄差距不大，往往和他们有相似的语言表达习惯和兴趣、爱好，特别容易和学生打成一片，但这有可能导致和他们关系过于亲密。

老师一定要使用规范的、积极的、文明的语言。在课堂上，应尽量运用准确和规范的学术型语言。在课堂外，一些低俗的语言、不雅的调侃、庸俗的笑话、不该过问的八卦等，在与学生交往中一定要避免。

[案例18-6：张国春老师讲了一件应该引以为戒的事]

数学组的张国春老师给我讲过一件事。年级的某位老师很优秀，做事很认真，也富有热情，在组织学生活动时，可能是因为和学生比较熟悉了，就变得口无遮拦起来，不经意地就带出了脏话。有一次，在和学生交流过程中，他的一些言行让学生感觉不舒服，但他自己却并没有察觉。学生没有当面跟老师提出来，回家后告诉了家长，家长用孩子的手机给老师打电话，接电话时老师没有听出来是学生家长，又不经意地带出了脏话，结果家长一听就怒火中烧，后来找到年级主任和校长反映该老师的问题。其实，老师并不是针对这个学生，或者想贬低或侮辱学生，只是把学生当成自己的“哥们儿”了。然而，即使“哥们儿”之间讲话，也该讲文明。

老师要特别注意自己的行为举止，在正式场合要注意保持教师的威严，在课下也不能和学生称兄道弟、拉帮结伙、勾肩搭背、拖拖拽拽。要求学生做到的事自己要身体力行，不断提高个人修养，用正面形象去引导学生。孔子说：“其身正，不令而行；其身不正，虽令不从。”比如，有些学生爱聚在一起讲黄段子，如果你听见后不去制止，还表现得心领神会，同学生一起哈哈大笑，就放纵了学生的行为，还会使自己在学生心目中的形象受损。

（三）坚守底线

对学生违规违纪的行为一定要严令禁止，教师绝不能睁一只眼闭一只眼。对学生的不良行为，教师一定要提出严肃批评并做相应处罚，坚守管理学生行为规范的原则。教师还要告诉学生，你虽然很希望和他们建立平等、友好的关系，但你是有底线的。当学生触犯纪律时，你一定要严肃提出，并引导学生规范自己的行为。

［案例 18-7：左纵宇老师坚守底线］

物理学科的左纵宇老师跟我们分享了他与学生相处的一件事。学生把左纵宇老师拉入了年级微信群。左老师发现有学生在上课和自习时在群里聊天。作为查白天自习的老师，左老师把学生聊天的内容截图发到了教师群里。有些学生觉得左老师的做法不合适，泄露了其隐私。左老师做了以下三件事。第一，向学生诚恳地道歉，表示自己截图发到教师群的做法确实欠妥，可能会伤害一些同学的自尊心。第二，坚决摆明了自己的态度——不准上课时间在群里发任何和学习无关的东西。以后如果他发现学生还有这种行为，他还会继续扣分，将截图发给学生，并且通告任课老师、看自习的老师和导师。这是他的原则和底线，不能打破。第三，表明学生应该有自己的一片天地。如果学生觉得老师在群里对他们是一个障碍，他们可以随时把他移出群，不用问他的意见，他也不会耿耿于怀，学生的群就该由学生做主。结果学生还是希望左老师能够继续留在群里。

（四）正确区分工作和生活

在工作中，教师应该尽量展示自己优秀的一面，传递正能量，自己生活中的隐私需要适当对学生隐藏，以避免让学生过多介入，有关自己私生活的事如果要发朋友圈，应将学生屏蔽。

需要提醒初职教师的是，想要让学生喜欢你、尊重你，很重要的一点是要知道，友好和稳定的师生关系是从课堂中生长起来的。课堂永远是教师教育、教学的生命场。教师扎实的专业功底、渊博的学识水平、娴熟和高超的教学能力、过硬的综合素质是感染学生、征服学生、让学生喜欢你的利器。所以，加强专业修养，不断学习和钻研，精心打磨课堂，磨炼自己的教学能力，是维持良好师生关系的根本。正如历史学科的李亮老师所说的："青年教师不能为迎合学生而放纵学生的行为，而应该引导学生共同挑战困难，不断提高自己的学问水平、教学水平、专业水平，使自己的教学和专业能力得到提升，以自己高明的学养影响学生，使学生对知识产生敬畏和追求之心。如果学生不追求在知识上的进步，学生就不会对教师有真正的尊重。"

师生相处是一门艺术，教师对学生应该亲而不密、疏而不远。这种和谐的师生关系，有利于教师灵活应对各种师生交往，也有利于教学的提高和学生的发展。

在与学生建立良好师生关系的过程中，教师要"有所为"，"有所不为"。在思想上，我们要清楚自己的教师角色定位，坚持教师的原则和底线，有所不为。在行动上，我们可以运用一些策略，灵活、巧妙地应对千变万化的师生关系。而无论你怎么做，都不应该忘记，课堂才是师生关系健康、稳定生长的根本。"思方行圆"不仅是十一学校对学生的培养目标，也是我们与学生相处时应该遵循的原则。总结起来，恰当的师生关系可以用下面的方圆关系图来表示（见第 214 页图 18–1）。

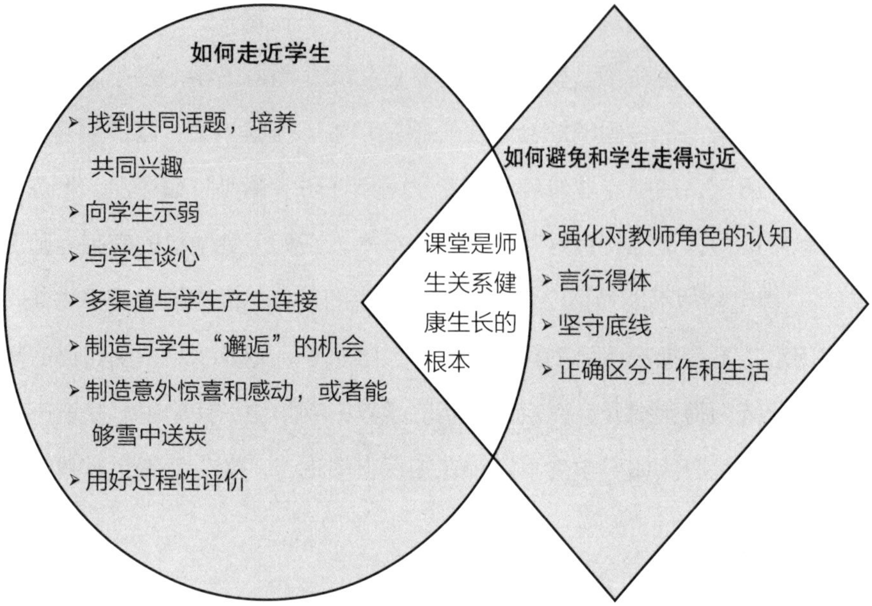

图18-1　师生方圆关系图

19. 要真正了解学生，怎么办？

王树超

充分掌握学生的信息，是非常必要的。初职教师在了解学生方面，有不足，也有优势。

初职教师刚刚接触学生，在了解学生方面，存在不足。

1. 不了解学生的思维习惯，解决问题时常常不能遵循学生的思路。

2. 缺乏技巧，甚至与学生发生冲突。

…………

但是，初职教师在年龄和心理上与学生更近，有独特的优势。

1. 在某些特定领域，与学生有更多共同话题。

2. 对自己的学习过程有较清楚的记忆，在思维习惯上与学生有共鸣。

…………

了解学生有哪些途径和技巧

（一）面对面交流

面对面交流能够让教师在倾听中了解学生，和学生发生有效的思想碰撞和心灵交流。面对面交流时也应该注意技巧。

1. 以学业交流为依托

知识学习是学生最重要的任务之一，学生也很关心自己的学习效果。物理学科的王跃东老师认为，教师若能够以学习任务为切入点与学生交流和沟通，常常能够引起学生的重视。比如，可以在和学生进行习题交流的过程中，合理转移话题。

[案例 19-1：王跃东老师从作业入手跟一名学生谈话]

某学生连续三四次未能按时完成作业。王跃东老师就从作业入手，与该生谈话。他发现该生是一名容易紧张、害羞的学生，作业虽未按时完成，但做事却特别认真、踏实。只是因为最近数学作业较多，难度也很大，耽误了学习其他科目的时间。另外，该生十分注重思考，不肯放过一些细节，导致做题速度偏慢。这样，王老师不仅了解了学生的性格特点、学习情况，而且有针对性地给学生提出了学习建议。在之后的期末考试中，该生取得了优异成绩。

2. 短时高效、频率合适

长时间面对面交流容易给学生造成心理压力。有时，长达数小时的谈话，不仅不能很好地解决问题，反而会让学生产生腻烦心理，甚至产生敌对情绪。所以，每次面对面交流时应有针对性，以便能够在短时间内解决学生的问题。为了做到高效交流，教师平时应该注意了解学生。

[案例 19-2：宋新国老师平时的用心带来高效交流]

物理学科的宋新国老师执教高三时，发现一名学生在电磁感应部分总是不能取得好成绩。学生虽然很努力，却总是不能找到问题所在。宋老师平时非常注意积累每个学生的资料，当该生来找宋老师面谈时，宋老师打开了为这个学生准备的文档，里面详细记录了该生历次考试的错误点，足足有十几页。通过仔细分析，宋老师发现该生对感生电动势的理解不是很到位，并且还发现了他在答题技巧方面的一些问题。宋老师平时的用心，使该生十分感动，此后他便经常主动找宋老师交流。

王跃东老师认为，了解学生的最终目的，就是有针对性地解决学生的问题。教师应该能够根据不同学生的特点，为其制定有效的问题解决方案。对自制力比较强的学生，可以为其安排学习内容；对自制力比较差的学生，可以从帮助其规划时间入手。

3. 做好的倾听者

由于年龄和心理的原因，中学生并不愿意向家长流露一些真实想法，而更倾向于向老师和同学求助。做一个好的倾听者，不仅能够帮助学生，也能够满足学生的心理需求，还能够促进良好的师生感情。

数学学科的杨文学老师认为，教师在面对面交流时应该放低姿态，更多地做一个倾听者，保持平和的态度，并对学生的优点给予充分肯定。只有这样，才能进入学生内心，让学生无所顾忌。教师不应该过早给出具体的操作性建议，而应该合理地引导谈话方向，引导学生说出自己的真实想法。

[案例 19-3：杨文学老师耐心地与学生交流]

师：你平时做事认真努力，在课堂上表现非常好，过程性评价也是班里的佼佼者，可是每逢阶段性考试，却总不能取得预期的成绩，你有没有想过是什么原因？

生:（经过两天思考后）平时学基础知识时，我会做很多练习册上的题，所以能很好地掌握。可是遇到综合性题目时，就力不从心了。

师：说得很好。这说明平时你的模仿性学习过多。其实，做题的关键并不在于多，而在于领会知识。

生：也就是说，平时要多思考。研究透一道题，比做十道题有用得多。

师：是啊。你面临的这种情况，我以前也见过。有些同学是因为课下落实不够，有些同学是因为考试时间没有把握好，你看你有没有类似的问题?

生：对了，我平时做同样的作业总是比其他同学用更长的时间，所以作业完成得很好，单元检测时也能应付自如。但是每逢大考，由于时间紧迫，后面的题目往往做得比较慌乱。

师：这就是了。所以，平时一定要注意提高效率。要把平时的作业当作考试对待，这样考试时就能像平常一样发挥了。平时做作业是不是应该限定时间，到时间以后，即使做不完也立即停止?

专业的心理咨询师，往往对与“病人”的对话进行录音。这是因为仅仅通过一次倾听，往往难以准确把握讲述者所表达的信息。而学生正处于语言和逻辑能力的发展期，表达能力较差，仅仅靠一次对话，教师很难明确学生的真实想法，甚至会发生误会。宋新国老师建议，必要时可以将师生的谈话过程录音。反复倾听、揣摩是了解学生的有效方法。

（二）做好观察者

在十一学校，教师就在学科教室里办公，这十分有利于教师观察和了解学生的学习习惯和性格特点。“没有调查，就没有发言权”，没有足够细致的观察，就不能对学生的生活和学习进行有效引导。

于振丽老师经常为学生答疑，但是她主张学生结伴而来。她让学生相互答疑，而自己做好观察和记录。这样做不但给学生提供了展示思想的机会，还可以在倾听中了解学生的思维特点。

杨文学老师认为，教师应该学会观察，特别是在刚开始面对新学生的时候。观察应该是一个较长的过程，过早介入可能带来错误判断，过多干预还会让学生心怀芥蒂。

[案例 19-4：杨文学老师细心观察学生]

杨文学老师每接手一个新班级时，都会在前两周内认真地、悄悄地观察学生。他并不是观察学生是否违纪、是否调皮，而是观察他们的学习习惯和交往习惯，因为习惯是教育的突破口。

（三）依托科技手段，方式灵活多样

随着科技的进步，越来越多的科技产品进入了人们的生活，并以它们独有的特点吸引着青少年学生。比如，手机、电脑等电子产品变得更加智能化，功能越来越全面的应用软件不断涌现。如果能合理运用这些科技手段，不仅能使教育更贴近生活，跟上时代的发展，也会大大提高教育工作的效率。

由于性格或其他原因，有些学生在面对面沟通时，往往不愿透露真实想法，这时，问卷调查等交流方式，可能更容易引起他们的兴趣。

[案例 19-5：宋新国老师的问卷调查]

宋新国老师曾对学生做过问卷调查，他发现学生基本都能认真对待问卷。只要教师能精心准备有效的问题，学生的反应往往就真实可信。

宋老师曾用问卷调查的方式，得到过学生很多关于物理课堂的好建议。

十一学校也曾用问卷调查的形式了解学生的学习路径，并根据学生的反馈，为不同的学生制定了不同的教育策略。

问卷调查小技巧

1. 主观问题提问要明确，客观问题的选项设计要有针对性，要明确、完备。

2. 敏感问题，采取不记名方式。

3. 可以与问卷星、微信等方式结合起来，以提高学生的参与度。

…………

[案例 19-6：赵俊老师了解学生的窍门]

赵俊老师身兼3个教学班的英语教学，并且承担出国班的班主任工作，需要了解大量的学生信息。开学前，他就借助爱云校网络平台把学生的照片下载下来，并对照学生的姓名反复记忆。为了巩固记忆效果，赵老师还把学生的照片和姓名做成了“连连看”游戏。赵老师还经常在朋友圈与学生互动，在适当的问题上与学生相互留言，这增加了他对学生的了解。

（四）与家长、任课教师交流，从侧面了解学生

最了解学生性格和性情的，莫过于其父母；最了解学生学情和思维特点的，莫过于其任课教师。与学生家长和其他科目的老师交流，可以从侧面了解学生。

[案例 19-7：王跃东老师从侧面了解学生]

王跃东老师有一个学生，很聪明，平时也很听话，可是学习状态一直不好。王老师从其他任课教师处了解到，该生不仅物理学习成绩差，其他学科也有类似问题：平时认真努力，却总不能取得良好成绩。后来，通过与家长当面交流后他发现，由于职业原因，家长没有为孩子营造一个和谐、温馨的家庭环境，这导致该生有较大的心理烦恼。在了解该生的问题根源后，王老师采取相应措施，向心理咨询师求助，经过心理咨询师的帮助，该生的情况已取得明显改善。

（五）通过精心设计的教学诊断了解学情

深入了解学生，可以使教学更好地建立在学情之上。十一学校特别注重学生自主学习能力的培养，重视通过教学诊断设计了解学情。在以知识模块为单元的教学中，可以视情让学生自学并安排前测，以了解哪些知识是学生通过自学可以掌握的、哪些知识是需要教师精心讲授的。在模块学习结束后，合理设计后测练习，可以帮助学生检查自己的掌握情况，并重新整合、巩固知识。

[案例 19-8：教学诊断的命题设计]

十一学校物理教研组，特别注重教学诊断的命题设计。命题必须把握主干知识，符合学生的认知规律，题目之间应注重内在逻辑以及难度的层层递进。这样，根据学生的答题情况，老师就能更容易地了解到学生在什么环节出了问题。题目要以主观题为主，这样可以更容易地让学生展示自己的思路。

学校还为每个学生精心设计了成绩单（见图 19–1）。这个成绩单不仅可以反映出学生不同科目之间的差距，而且可以清楚地展示各学科历次考试成绩的变化趋势。这为教师和学生了解学情，提供了很好的参考。

	语文成绩	语文年级水平	数学成绩	数学年级水平	英语成绩	英语年级水平	物理成绩	物理年级水平	化学成绩	化学年级水平	生物成绩	生物年级水平	理综成绩	理综年级水平	总成绩	总分年级水平	参加排名人数
十月诊断	96	181	114	131	121	130	86	45	83	137	76	157	247	87	576	121	312
阶段性综合检测	107	172	108	168	119	155	87	126	83	135	73	190	246	149	576	169	332
海淀期中	99	282	129	227	123	136	88	200	94	25	80	161	262	122	613	191	336
十二月诊断	113	126	109	90	129	48	87	87	81	200	61	204	229	163	580	108	337
期末模拟	79	324	136	78	129	85	84	46	73	208	72	210	231	154	572	196	331
海淀期末	100	297	132	120	129	192	88	97	89	149	75	188	255	138	613	182	338
最近两次名次变化	⇧	27	⇩	–42	⇩	–107	⇩	–51	⇧	59	⇧	22	⬀	16	⬀	14	

各科各次年级水平变化折线图（灰色柱状图为每科各次考试的平均年级水平）　本次考试各科排名贡献（百分率越高表示该学科对总分贡献越大）

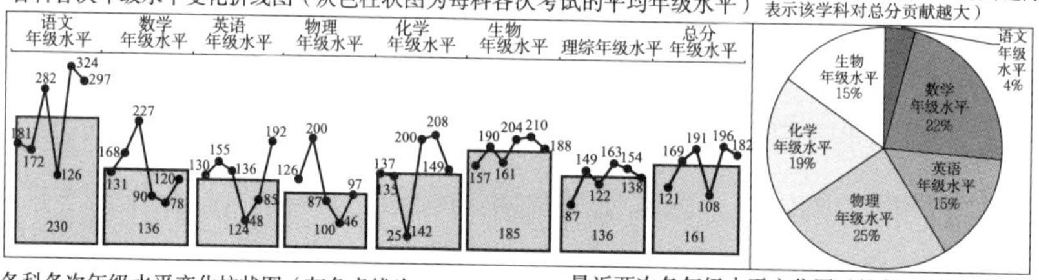

各科各次年级水平变化柱状图（灰色虚线为各次总分平均年级水平参考线）　最近两次各年级水平变化图（柱状图为最近两次名次变化值，正值代表进步，灰色区域为上次成绩排名）

图19–1　学校精心设计的学生成绩单

（六）寻找机会，关注中等学生和内向学生

教师对特别优秀和特别“差”的学生，往往有充分的关注和了解，倒是一些看似中等的学生，常常不能引起教师足够的重视。一些性格内向的学生做事往往并不主动，所以教师要了解他们，可能得需要人为制造机遇。

杨文学老师认为，中等学生出现成绩大起伏的时候，背后往往有原因。以交流学习成绩为媒介，探究背后的原因，往往是了解中等学生的绝佳机遇。

物理学科的刘波老师认为，教师最好能抓住一些内向学生的独特信息。

[案例 19-9：刘波老师的“别有用心”]

刘波老师班上有个学生，成绩不好，而且性格内向。刘老师发现他非常喜欢打篮球。于是，在讲解平抛运动的时候，刘老师便以打篮球为例子，还特意让这个学生根据打球经验回答问题。刘老师的这一用心不仅激起了该生的学习兴趣，也拉近了师生之间的距离，为进一步了解学生做了铺垫。

（七）有大局观，充满正能量

学生不仅需要学习某一特定学科的知识，而且应该对各科知识有一个合理的整体把握。学生的成长过程更不仅仅是知识的增长过程，还是性格、情感、人生观、世界观养成的过程。对学生的了解，不能只停留在一时、一科，更不能仅仅着眼于一时的成绩，而要注重学生的整体和长远发展。

[案例 19-10：王爱丽老师的正能量]

王爱丽老师认为，与学生交流时教师应该持乐观、包容的心态，多从生活上与学生培养共同语言。作为一名生物老师，王老师经常推荐学生养一些花草和小宠物。这不仅可以拉近和学生之间的距离，而且可以和学生交流很多生物上的问题。

王老师还经常跟学生交流生活话题。她能以自己积极、乐观的态度感染学生，她曾经告诉学生：“你可以哭着来，我肯定让你笑着走。”正因为有这种正能量，王老师成为最受学生喜欢的教师之一。

总之，通过乐观、包容和用心，王老师做到了对自己的学生十分了解。

20. 很难与家长保持有效沟通，怎么办？

魏倩

教师除了每天要和学生打交道外，还得跟家长保持联系。和家长打交道是一门艺术，常常让很多教师，特别是初职教师，感到手足无措。到底该如何做，才能与家长保持有效沟通呢？

一、明确和家长沟通的目的

教师和家长之间存在的时空差，使得双方的沟通变得不那么容易和高效，这就决定了教师在和家长沟通时必须有明确的目的。如果目的不明确，很容易就被学生误解为老师是在告状，效果会适得其反。那么，和家长沟通的目的是什么呢？

（一）全面了解学生，多元评价学生

每个人都是多面的、立体的，而我们只能看到学生在学校里的表现，并不了解学生在家里的表现。联系家长不只是为了反映学生的问题，还是为了更全面地了解学生。这样，我们对学生的认识和评价就是多元的，在做教学

和教育工作时便可以更有针对性。当我们所说的跟学生自身实际情况和切身利益相关时，我们的观点就更容易被他们接纳。

教师从家长处至少可以获得以下信息。

1. 孩子眼中的学校是怎样的。

2. 孩子眼中的班级是怎样的。

3. 孩子的喜好是什么。

4. 孩子的优缺点是什么。

5. 孩子何时觉得有成就感，何时会有受挫感。

6. 孩子口中的朋友。

7. 对孩子影响比较大的人。

8. 孩子在学校之外的活动情况。

（二）交流学习进度，促成多方合作

我们不提倡通过家长向学生传话，也不提倡告知所有学生家长本学科的教学进度，因为如此一来，会大大加重教师和家长的负担。但个别自制力差的学生需要教师和家长的双重监督，所以，教师就有必要和其家长交流近期的教学进度和作业布置情况，以便让家长做到心中有数，从而可以更有针对性地督促学生。

（三）交流学生近况，促进学生成长

学生也是一直在变化的，我们不能用一成不变的眼光去看他们，因此，和家长沟通还有一个重要目的，就是交流学生的近况：是有进步还是退步了？时间安排是否合理？效率如何？心情如何？有无好习惯养成？……这些

都可以是我们和家长沟通时的切入点。

二、和家长沟通的途径

主要有以下途径。

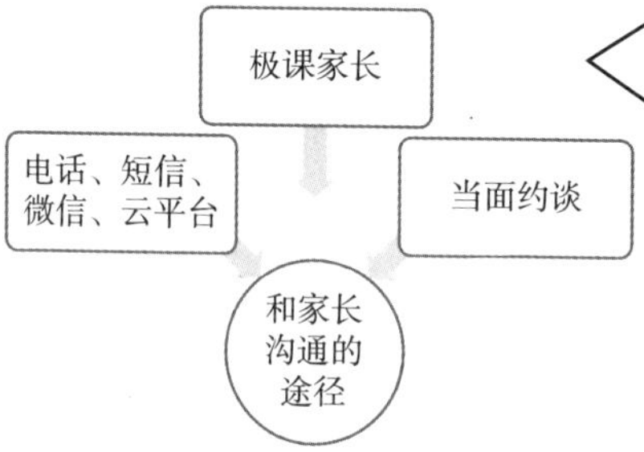

知识小链接

极课家长是一款利用大数据让家长参与教学、关注孩子成长的软件。这一软件的主要功能如下。

1. 汇报孩子动态

给家长推送孩子的考试情况，每周生成孩子的学习周报。

2. 学情分析报告

剖析孩子近期的作业、考试，让家长详细掌握孩子的弱项、考试失分点等。

3. 错题打印

帮孩子打印错题，可以按照试卷情况下载错题。

4. 家校无间

家长可以和老师沟通孩子的在校情况。

三、集体沟通和个别沟通

在网络时代，很多教师都建立了家长微信群，以便和家长实时沟通。这是典型的集体沟通方式，相比个别沟通，集体沟通蕴含的学问更大。

曾国藩曾说过:“扬善于公庭，规过于私室。”在家长群里，应多采用积极的态度，对孩子的努力和成绩给予表扬，而不是批评孩子不努力。因为对犯错误的人来说，被当众批评带来的激励作用甚小，所造成的伤害却很大。所以，在家长群里，要多表扬，慎批评。例如，有一位老师在家长群中发了以下通知。

各位家长好，本周要求背诵《岳阳楼记》。目前，赵同学、钱同学、孙同学、李同学……已经成功背诵下来，特此表扬。尚未完成背诵的同学还请各位家长督促。语文重在积累，请各位家长重视。谢谢各位，祝周末愉快！

果不其然，那些被表扬的学生家长高兴地在群里回复了，而那些未被表扬的学生家长则默默督促自己孩子抓紧背诵。对那些努力的学生，这种方式能鼓励他们继续努力；而对那些不够努力的学生，这种方式也达到了“虽无批评，胜似批评”的效果。

在家长群中还可以分享教学进度。许多家长曾跟笔者抱怨无法从孩子那里听到“实话”，不知道教学进度和学习任务要求。因此，教师可以在家长群中分享教学进度和学习任务要求，这无形中延长了教师的手，使得教师和家长的合作更加“亲密无间”。

四、和家长沟通的小技巧

（一）态度适当

教师与家长沟通时，家长最先注意到的是教师的态度，在家长眼中，教师应当是专业的、有规划的，且易沟通的。在家长面前，教师既要注意规划性和条理性，也要注意礼节。教师联系家长的出发点一定是为了让家长引导孩子进步和成长。当教师抱着这种心态和家长沟通时，就不会出现态度不佳和言辞不当的问题了。请看以下两种方式。

①您好，最近您家孩子在课堂上频频和旁人说笑，造成了不好的影响，扰乱了我的上课兴致和其他同学的学习兴致。请您多加教育，非常感谢。

②您好，您家孩子最近在课堂上频频和旁人说笑，可能会影响他的上课效率与课下写作业的效率和质量，而且会导致他人对孩子有意见，影响他和其他

同学的相处，给他以后的人际关系处理带来负面影响。这是我们都不愿意看到的结果，所以我建议，我们分别和孩子谈一谈此事，希望孩子能有所改善。

第二种方式显然是立足于学生成长而发出的言论，更容易让家长与学生心服口服。

（二）和家长口径一致

随时和家长沟通，目的就在于和家长取得共识。如此一来，对待同一件事，教师和家长的说法就是一致的，学生也更容易相信教师和家长。

（三）不刻意回避学生

教师在联系或约谈家长时，比较有效的办法是不回避学生，可以当着学生的面分析他的优缺点、优劣势，这样可以避免给学生带来一种“教师和家长在自己背后说坏话”的错觉。此外，如果方式恰当，学生就能够感觉到教师约谈家长是真正为了自己的成长而采取的一种措施，而不是为了惩罚自己。现在十一学校提倡的“个别化家长会”，就为教师、家长、学生开诚布公地交流提供了一个好机会。

（四）描述行为，不做评论

下面两种沟通方式，您认为哪种更有效？

①您家孩子最近特别浮躁，上课状态和作业落实情况都不太好，请您在家多教育、多督促。

②您家孩子最近在课上和别人说话次数有点儿多，作业落实不太好。比

如，今天上课时，孩子左顾右盼，我教育多次无效，帮他调换座位，他也极不情愿。如果孩子有心结的话，我们还是早点儿为他解开为好。

当学生犯错误时，一定要关注学生的行为本身，而不是直接用“懒惰”“不礼貌”“自制力差”等词语来评价甚至贬低学生。上面的第一种方式只是笼统地摆出问题，而第二种方式就有具体的事例支撑。这样家长在和孩子谈话时也有据可依，否则极容易让孩子有一种老师故意“针对自己”“贬低自己”的错觉。

（五）要解决问题，而非仅仅提出问题

您认为下面哪种沟通方式能真正解决学生的问题？

①您家孩子最近作业落实情况不太好，跟孩子谈了，他说最近做作业经常到晚上十二点，我想一定是因为孩子的学习效率比较低，所以提醒您注意孩子的学习效率。

②您家孩子最近作业落实情况不太好，跟孩子谈了，他说最近做作业经常到晚上十二点，所以想通过您了解一下孩子在家做作业的情况：是否约束他用手机？建议和孩子约定一个“手机使用公约”，比如先安心做 45 分钟作业，之后放松 10 分钟，用手机处理一下相关事情。

第一种方式处于提出问题的层面，与其说这是在与家长沟通，不如说这是在向家长告状。也许家长早就发现了孩子存在这种问题，只是苦于不知道如何解决。教师这样做除了加重家长的忧虑外，成效并不大。而第二种方式则处于解决问题的层面，这是在帮学生和家长处理问题，这种沟通方式才是有效的。

五、和家长沟通的误区

（一）在家长面前比较孩子

入职之初，不止一次听到有人跟我强调教师岗位的神圣——“你手中的每一个孩子，对每个家庭来说，都是整个世界”，作为教师，我们的一举一动、一言一行都影响着每个家庭的整个世界。一位教师的一个班级里有很多学生，免不了会有横向对比，但在与学生家长沟通时，切忌与其他学生比较，比如：“你看班里的刘同学，上课状态好，作业质量也高。”“这个要求一般同学都能做到，为什么您家孩子做不到呢？”教师本想通过这种方式给学生家长一点儿压力和动力，但却适得其反，家长和学生都会因此有负面情绪。就像前面提到的，对某个具体的问题，教师可以给出具体的建议，切忌拿别人家的孩子来压制学生和家长。

（二）一味批评

对承受能力较强的学生和家长来说，适当的批评能够促进其进步。但如果沟通中只有批评，未见表扬，甚至连一点儿改善建议都没有，那无论承受能力有多强，学生及其家长都有可能会失去进步的信心和动力。所以，正确的沟通方式应当是以积极的态度为主，同时分析孩子存在的问题。以下是几种可能会受欢迎的谈话方式。

①在学习方面，您家孩子值得表扬；但是在有些方面，他（她）还需要改进。比如……

②您家孩子的优点不少，他（她）……但是也有几个小缺点，比如……如果能够戒掉这几个小缺点，就会更优秀。

③您家孩子的优势在于……不足之处是……正视自己的不足才能取得更大进步。

（三）通过家长向学生传话

您可能遇到过类似的情况：“老师，您对孩子有什么要求？我一定叮嘱他。”“老师，今天的作业是什么？我转告孩子。”“老师，做这一类题的方法是什么？我回家跟孩子讲一讲。”

这种交流方式反映出一个问题：家长把自己当成了传话的中介。事实上，家长所问的几个问题都是可以而且必须由教师传达给学生的。因为师生每天都要在课堂上见面，这些教学信息学生必须一清二楚，而不是通过家长提醒，否则会给教师和家长都带来不必要的负担，而学生的自主学习能力也不会得到提升。家长需要从教师那儿得到的信息是关于自己孩子的更个性化的信息，而非这种普遍性的教学信息。当然，个别自制力较差的学生，其家长可以从教师那儿获得教学信息，以便对孩子加以监督。

后记

本书是全国教育科学“十三五”规划2016年度教育部重点课题——“学校转型背景下普通中学教师专业发展新方式的研究”（课题批准号DHA160365）的一个阶段性成果。

在此，我要特别感谢十一学校的14位初职教师，他们分别是鲍晓梅、常晟、丁玲、刘雪峰、吕俊鸟、聂璐、庞欢、覃思、王树超、魏倩、张珊、赵楠、赵通和左纵宇。他们在做好本职工作之余，深入访谈学校众多资深优秀教师，与这些“师父”深入交流，然后提炼、梳理，辅以自己的思考，为初职教师提供了众多拿来就能用的问题解决的策略、工具和方法。我相信，这些策略、工具和方法，定能帮助初职教师尽快走上工作的快车道。

从某种意义上说，这本书其实是十一学校全体教师集体智慧的结晶，学校的众多资深优秀教师不厌其烦地一次次接受了初职教师们的访谈，无私地贡献出自己的宝贵智慧。其中，直接提到的老师就有75位之多，他们分别是曹书德、程卓、邓靖武、邓芸、董素英、范明婕、葛晓丽、韩英、侯敏华、黄娟、黄晓鸣、黄晓玉、霍轶、来凤华、兰玉茹、雷其坤、李春宇、李金初、李亮、李希贵、李艳琴、廖丽娜、林晓晨、刘波、刘海东、刘晴、刘伟、刘作亮、罗寰宇、马玲坤、孟佳音、潘从红、潘国双、屈楠、任春磊、沙莎、石绍湘、石昭慧、史建筑、宋新国、孙京、孙龙、孙文利、谭凌鹰、陶若婷、田俊、王爱丽、王春易、王笃年、王鲁豫、王延楠、王跃东、魏勇、吴洋、夏伟、闫存林、杨文学、于振丽、张淳、张国春、张楠、张佩华、张瑢、张少鹤、张伟、张兆利、张作栋、章异群、赵俊、赵玉双、郑弢、周瀚洋、周志英、朱燕和朱则光。在此，我向他们表示衷心的感谢。

要感谢的人还有很多。感谢李希贵校长对初职教师培训的鼎力支持，感谢资深媒体人沈祖芸老师对初职教师培训的热情指导！感谢田俊副校长对初职教师培训的及时提点！感谢侯敏华老师、史建筑老师、朱则光老师、曹书德老师、宋新国老师、王笃年老师、贺思轩老师和李亮老师、王晓霞老师为初职教师培训的辛苦付出，感谢责任编辑张万珠老师的精益求精，感谢所有关心、关注十一学校初职教师发展的人。

赵继红

2017 年 9 月 10 日

图书在版编目（CIP）数据

初职教师20个怎么办 / 赵继红主编. --北京：中国人民大学出版社，2017.8

ISBN 978 - 7 - 300 - 24726 - 7

Ⅰ. ①初…　Ⅱ. ①赵…　Ⅲ. ①教师培训—研究
Ⅳ. ①G451.2

中国版本图书馆 CIP 数据核字（2017）第 187306 号

初职教师20个怎么办
赵继红　主编
Chuzhi Jiaoshi 20 Ge Zenme Ban

出版发行	中国人民大学出版社		
社　　址	北京中关村大街31号	**邮政编码**	100080
电　　话	010 - 62511242（总编室）		010 - 62511770（质管部）
	010 - 82501766（邮购部）		010 - 62514148（门市部）
	010 - 62515195（发行公司）		010 - 62515275（盗版举报）
网　　址	http://www.crup.com.cn		
	http://www.ttmet.com（人大教研网）		
经　　销	新华书店		
印　　刷	北京华宇信诺印刷有限公司		
开　　本	720 mm × 1000 mm　1/16	**版　　次**	2017 年 12 月第 1 版
印　　张	15.25　插页 1	**印　　次**	2024 年 10 月第 13 次印刷
字　　数	200 000	**定　　价**	49.80 元